Erläuterungen und Dokumente

Hermann Hesse
Der Steppenwolf

Von
Friedrich Voit

Philipp Reclam jun. Stuttgart

Universal-Bibliothek Nr. 8193

Gesamtherstellung: Reclam, Ditzingen. Printed in Germany 1996
RECLAM und UNIVERSAL-BIBLIOTHEK sind eingetragene Marken
der Philipp Reclam jun. GmbH & Co., Stuttgart
ISBN 3-15-008193-9

Inhalt

I. Kommentar, Wort- und Sacherklärungen

Hermann Hesses Erzählung *Der Steppenwolf* wird in der kritischen Literatur heute nach drei Ausgaben zitiert: *Gesammelte Dichtungen*, Bd. 4, Berlin / Frankfurt a. M.: Suhrkamp, 1952, S. 185–415; *Gesammelte Werke in zwölf Bänden*, Bd. 7, Frankfurt a. M.: Suhrkamp, 1970, S. 183–413 [zit. als: GW]; Einzelausgabe Frankfurt a. M.: Suhrkamp, 1974 [u. ö.] (suhrkamp taschenbuch, 175). Diese drei Ausgaben sind weitestgehend seiten- und zeilenidentisch, so daß die Seiten- und Zeilenangaben des Kommentars, die sich nach der Taschenbuchausgabe richten, durch Addition von 182 bzw. 180 Seiten leicht auf die beiden älteren Ausgaben bezogen werden können.

3 [Titel] *Der Steppenwolf:* Dieses »Bild« (22,24), mit dem der Protagonist sich selbst benennt, ist eine Prägung Hesses, zu der Thomas Mann schon 1934 bemerkte, daß sie »in den charakterisierenden Sprachschatz eingegangen« (zit. nach: Mat. S. 151) und als Symbol Allgemeingut geworden ist (vgl. Heinz Küpper: *Illustriertes Lexikon der deutschen Umgangssprache*, Bd. 7, Stuttgart 1984). Das Bild entwickelt, wie Anni Carlsson nachweisen konnte (Mat. S. 377–381), das Raubtiersymbol aus dem zu Nietzsches *Dionysos-Dithyramben* (1888) gehörenden Gedicht »Nur Narr! Nur Dichter!« weiter, wo der Dichter höhnisch beschrieben wird als »ein Thier, ein listiges, raubendes, schleichendes / [. . .] / nach Beute lüstern, / bunt verlarvt, / sich selbst zur Larve, / sich selbst zur Beute, / [. . .] in Urwäldern / unter buntzottigen Raubthieren / sündlich gesund und schön und bunt [. . .] / mit lüsternen Lefzen, / selig-höhnisch, selig-höllisch, selig-blutgierig« (*Sämtliche Werke*, krit. Studienausg. in 15 Bdn., hrsg. von Giorgio Colli und Mazzino Montinari, Bd. 6, München 1980, S. 377 f.). – Die beiden Bestandteile von Hesses Bild drücken in sich wechselseitig verstärken-

der Weise die Einsamkeit des heimatlosen Intellektuellen und die stolze Unangepaßtheit des Einzelgängers aus. Eine erste Ausformung des Wolfsmotivs findet sich bei Hesse in der kurzen Erzählung »Der Wolf« (1907), die in der Schilderung der Tötung eines Wolfes aus der Perspektive des Tieres gipfelt. Wichtige Aspekte des Bildes werden den Lesern schon vor der eingehenden sozio-psychologischen Analyse des Steppenwolfs im *Tractat* (46 ff.) enthüllt, etwa wenn der Herausgeber Haller als einen »zu uns, in die Städte und ins Herdenleben verirrten Steppenwolf« (22,22 f.) und sein Leben als das eines potentiellen Selbstmörders (25,13) charakterisiert; das Bild bleibt dabei nicht frei von ironischer Selbstdistanz, da Haller sich und ähnliche »Steppenwölfe« auch als »entgleiste Burschen [. . .] und arme Teufel« (39,1–3) und als »eine kleine dumme Minorität von komplizierten Neurotikern« (43,28 f.) zu sehen vermag.

[Untertitel] *Erzählung*: Diese Genrezuweisung fehlt in der Erstausgabe. Hesse selbst schwankte in der Bezeichnung. 1927/28 nennt er den *Steppenwolf* in Briefen (vgl. Mat. S. 106 f.) wie in der Sammelbesprechung »Über allerlei Bücher« (Mat. S. 126) einen »Roman«; die Bezeichnung »Erzählung« erscheint auf dem Titelblatt erst in der Schweizer Neuausgabe von 1942, wo auch Hesse nun selbst im Nachwort diese Genrebezeichnung benutzt. Wirklich zutreffend fand aber Hesse keinen der traditionellen Begriffe für seine Prosadichtungen. So schrieb er 1928 in »Eine Arbeitsnacht«: »Eine neue Dichtung beginnt für mich in dem Augenblick zu entstehen, wo eine Figur mir sichtbar wird, welche für eine Weile Symbol und Träger meines Erlebens, meiner Gedanken, meiner Probleme werden kann. Die Erscheinung dieser mythischen Person (Peter Camenzind, Knulp, Demian, Siddhartha, Harry Haller usw.) ist der schöpferische Augenblick, aus dem alles entsteht. Beinahe alle Prosadichtungen, die ich geschrieben habe, sind Seelenbiographien, in allen handelt es sich nicht um Geschichten, Verwicklungen und Spannungen, sondern sie sind im Grunde Monologe, in denen eine einzige Person, eben jene mythische Figur, in ihren Beziehungen zur Welt und zum eigenen Ich betrachtet wird. Man nennt diese Dichtungen ›Romane‹. In Wirklichkeit sind sie keineswegs Romane, so wenig wie ihre großen, mir seit der Jünglingszeit heiligen Vorbilder, etwa der ›Heinrich von Ofterdingen‹ des Novalis oder der ›Hyperion‹ Hölderlins, Romane sind.« (GW XI, S. 80 f.)

7,1 *Vorwort des Herausgebers:* Diese Einleitung schrieb Hesse offenbar erst kurz vor Abschluß des Romans (vgl. S. 62–66). Durch das Vorwort eines fiktiven Herausgebers, das die Umstände erläutert, die zur Publikation der zurückgelassenen Manuskripte Hallers geführt haben, lenkt Hesse von den allzu offenkundigen autobiographischen Bezügen ab und gewinnt eine zusätzliche Perspektive: den Blick eines ›normalen‹ Bürgers auf den Außenseiter Harry Haller, seine äußere Erscheinung und Lebensweise. Der bürgerlichen Werten verhaftete, dabei durchaus sensible und genaue Beobachter gibt zugleich eine wichtige Interpretationsvorgabe, indem er die Herausgabe der Aufzeichnungen Hallers damit rechtfertigt, daß sie mehr sind als »bloß die pathologischen Phantasien eines einzelnen, eines armen Gemütskranken«, nämlich »ein Dokument der Zeit« und »ein Versuch, die große Zeitkrankheit nicht durch Umgehen und Beschönigen zu überwinden, sondern durch den Versuch, die Krankheit selber zum Gegenstand der Darstellung zu machen« (27,4–19). Diese Bemerkung bestärkte aber auch die dann von Hesse als einseitig beklagte Rezeption des Buches, bei der die Leser vor allem der Zeitkritik Aufmerksamkeit schenkten, während sie das Hesse immer wichtiger werdende Thema, die überzeitliche Welt der »Unsterblichen« (63,13) nicht im gleichen Maße wahrnahmen (vgl. S. 84–88).

7,2 *die uns gebliebenen Aufzeichnungen:* Diese recht konventionelle literarische Fiktion, für die Goethes *Die Leiden des jungen Werthers* (1774) das wohl bekannteste Beispiel bietet, hatte Hesse schon bei einem seiner ersten Bücher *»Hinterlassene Schriften und Gedichte von Hermann Lauscher* herausgegeben von Hermann Hesse« (1901) benutzt.

7,14 f. *von annähernd fünfzig Jahren:* Dies entspricht dem Lebensalter von Hermann Hesse (1877–1962), als er die Erzählung schrieb. In sehr vielen Einzelheiten folgt die Biographie Harry Hallers der ihres Autors: Hallers Herkunft, seine Erziehung, sein Äußeres, seine physischen und psychischen Leiden, sein Denken, seine Gewohnheiten, seine Erfahrungen, seine politischen Einstellungen, seine Beziehungen zu Frauen, seine Hochschätzung klassischer Musik und Literatur, all das teilt er mit Hesse; diese Parallelen weist Mileck im einzelnen nach (Mileck, 1987, S. 191–197). Doch bei aller Nähe zu ihrem Autor darf nicht übersehen werden, daß Haller eine gestaltete, fiktionale Figur ist.

7,15 *vor einigen Jahren:* Im Typoskript hieß es noch »vor etwas mehr als Jahresfrist« (vgl. Zeller, 1977, S. 126), womit die geschilderten Ereignisse ziemlich genau auf den Höhepunkt von Hesses ›Steppenwolf‹-Krise datiert worden wären.

7,29 f. *aus einer anderen Welt:* Von Anfang an betonen der Herausgeber und Haller (20,7 f.; 35,29 f.), daß sie verschiedenen ›Welten‹ angehören. Haller ist sich dabei aber durchaus bewußt, daß er in seinem äußeren Leben wie seinen Wertvorstellungen nach wie vor in vielem bürgerlichen Normen verpflichtet ist: »ich wohne immerzu in richtigen Bürgerhäusern, das ist eine alte Sentimentalität von mir. [. . .] Ich liebe diese Atmosphäre ohne Zweifel aus meinen Kinderzeiten her, und meine heimliche Sehnsucht nach so etwas wie Heimat führt mich, hoffnungslos, immer wieder diese alten dummen Wege« (32,7–19); trotz all seiner anarchischen Aufsässigkeit bleibt der Steppenwolf auch als Außenseiter immer ein »Zwangshäftling des Bürgertums« (60,18 f.).

8,14 *Freizeit:* hier: Mittagspause.

9,19 f. *mietete das Zimmer, mietete noch die Schlafkammer:*

Der fünfzigjährige Hermann Hesse
Zeichnung von Ernst Morgenthaler

Hesse verarbeitete hier eigene Mietererfahrungen, wie er in einem Brief um 1948 schreibt: »Die sehr nette alte Dame ist Frl. Martha Ringier, eine in Basel lebende Lenzburgerin. Bei ihr [Lothringer Straße 7] habe ich einen Winter lang [11. 11. 1924–20. 3. 1925] in Basel als Mieter gewohnt und dort, in einer sehr lieben kleinen Mansardenwohnung von 2 Stuben, die erste Hälfte des Steppenwolf geschrieben [diese Angabe ist so nicht zutreffend; vgl. S. 58–61]. Wenn ich heimkam und die Treppe hinauf stieg, stand auf dem Vorplätzchen vor der Glastür im 2. Stock die schöne Araukarie.« (Zit. nach: Mat. S. 154.) – Die in der Erzählung erwähnten Lokalitäten sind vielfach kaum verhüllte Porträts von realen Orten, an denen sich Hesse zwischen 1924 und 1926 in Basel und Zürich aufhielt. *Der Steppenwolf* ist das einzige Werk Hesses, dessen Handlung ganz in einer zeitgenössischen Metropole spielt.

11,18 *Sauberkeit und Ordnung:* Hallers mehrfach betontes (19 f., 31, 33) Verlangen nach bürgerlicher Ausgeglichenheit und Wohlanständigkeit kommt auch, aus freilich anderer Perspektive, im *Tractat* (57 f.) zur Sprache.

12,5 *Harry Haller:* Auch die identischen Anfangsbuchstaben und die gleiche Silbenzahl des Namens unterstreichen den engen autobiographischen Bezug zwischen der fiktionalen Figur und ihrem Autor. Der Vorname ist zugleich eine amerikanisierte Ableitung von Hesses eigenem Vornamen.

13,7 f. *berühmter Geschichtsphilosoph und Kulturkritiker:* Gemeint ist wohl Oswald Spengler (1880–1936) oder Hermann Graf von Keyserling (1880–1946), mit deren Theorien sich Hesse in den zwanziger Jahren beschäftigte.

13,13 *Kanzel:* hier veralt. für ›Rednerpult, Katheder‹.

15,14 f. *im Sinne mancher Aussprüche Nietzsches:* Der Herausgeber sieht Haller hier als einen Verwandten jener Menschen, die sich durch die Intensität ihres Leidens an der Welt von anderen unterscheiden, wie sie Nietzsche etwa in *Jenseits von Gut und Böse* (1886) beschreibt: »Der geistige Hochmuth und Ekel jedes Menschen, der tief gelitten hat – bestimmt beinahe die Rangordnung, *wie* tief Menschen leiden können –, seine schaudernde Gewissheit, von der er ganz durchtränkt und gefärbt ist, vermöge seines Leidens *mehr zu wissen*, als die Klügsten und Weisesten wissen können, in vielen fernen entsetzlichen Welten bekannt und einmal ›zu Hause‹ gewesen zu sein, von denen ›*ihr* nichts wisst!‹ ... dieser geistige schweigende Hochmuth des Leidenden, dieser Stolz des Auserwählten der Erkenntniss, des ›Eingeweihten‹, des beinahe Geopferten findet alle Formen von Verkleidung nöthig, um sich vor der Berührung mit zudringlichen und mitleidigen Händen und überhaupt vor Allem, was nicht Seinesgleichen im Schmerz ist, zu schützen. Das tiefe Leiden macht vornehm; es trennt.« (*Sämtliche Werke*, krit. Studienausg. in 15 Bdn., hrsg. von Giorgio Colli und Mazzino Montinari, Bd. 5, München 1980, S. 225.)

15,17 f. *Selbstverachtung die Basis seines Pessimismus:* Selbstverachtung und Selbsthaß sind Komponenten in Hallers psychischer Konfliktsituation, die in der Erzählung immer wieder angesprochen werden (vgl. etwa 48,25 ff.; 60,16 f.; 83,17; 85,5; 227,18 f.).

15,25 f. *von liebevollen, aber strengen und sehr frommen Eltern:* Ganz ähnlich beschreibt Hesse seine Eltern und frühe Erziehung in »Kurzgefaßter Lebenslauf« (1925): »Ich war das Kind frommer Eltern, welche ich zärtlich liebte und noch zärtlicher geliebt hätte, wenn man mich nicht schon frühzeitig mit dem vierten Gebote bekannt gemacht hätte.« (Zit. nach: Mat. S. 9.)

16,7 *»Liebe deinen Nächsten«:* Das Gebot der Nächstenliebe »Du sollst deinen Nächsten lieben wie dich selbst« (Mt. 22,39) bildet mit dem Gebot der Gottesliebe das Fundament der christlichen Ethik.

16,33 f. *Aquarelle ... daß er selbst sie gemalt:* Seit seinem vierzigsten Lebensjahr gehörten Zeichnen und vor allem Aquarellieren zu einer oft täglich betriebenen Beschäftigung Hesses. Vgl. die Abb. »Maskenball« S. 51.

16,36 *Buddha:* vgl. Anm. zu 72,6.

17,2 *»Nacht« von Michelangelo:* allegorische Skulptur einer schlafenden weiblichen Gestalt des italienischen Renaissancekünstlers Michelangelo Buonarroti (1475–1564) in der San Lorenzo-Kirche in Florenz.

17,3 *Mahatma Gandhi:* Mohandas Karamchand Gandhi (1869–1948), indischer Politiker, der als Führer der Unabhängigkeitsbewegung im Kampf gegen die britische Kolonialmacht wirkungsvoll eine Strategie des zivilen Ungehorsams und gewaltfreien Widerstands befolgte. »Mahatma« (Sanskrit, ›große Seele‹) ist ein Gandhi verliehener Ehrentitel.

17,6 f. *Bücher mit eingelegten Papierzeichen, die beständig wechselten:* Im Winter und Frühjahr 1924/25 arbeitete Hesse, zusammen mit seinem Neffen Karl Isenberg (1901 bis 1945) über Wochen in der Basler Universitätsbibliothek an einer großangelegten Bücherreihe, die unter dem Titel »Deutscher Geist 1750–1850« eine umfassende Hausbibliothek der deutschen Literatur von der Aufklärung bis zur Romantik bieten sollte. Die Edition kam jedoch nicht zustande (vgl. *Hermann Hesse 1877–1977*, S. 257–261).

17,15 f. *Werke der Dichter aus allen Zeiten und Völkern:* Hesse schrieb 1929 für den Reclam Verlag den umfangreichen Essay *Eine Bibliothek der Weltliteratur*, der »einen programmatischen Überblick über all jene Dichter und Denker aus Orient und Okzident« lieferte, »die nach Absicht des Literaturpädagogen Hesse zum Gemeingut der Weltliteratur gehören und mehr oder minder zur humanistischen Erziehung des Menschengeschlechts beitrugen« (Böttger, S. 374).

17,18 f. *»Sophiens Reise von Memel nach Sachsen«:* empfindsamer Briefroman von Johann Timotheus Hermes (1738–1821) in fünf Bänden, Leipzig 1769–73; die zweite Auflage erschien in sechs Bänden 1774–76.

17,20 *Goethe:* Zur Bedeutung Goethes für Hesse vgl. den Essay *Dank an Goethe* (1946): »Unter allen deutschen Dichtern ist Goethe derjenige, dem ich am meisten verdanke, der mich am meisten beschäftigt, bedrängt, ermuntert, zu Nachfolge oder Widerspruch gezwungen hat. Er ist nicht etwa der Dichter, den ich am meisten geliebt und genossen, gegen den ich die kleinsten Widerstände gehabt habe, o nein, da kämen andere vorher: Eichendorff, Jean Paul, Hölderlin, Novalis, Mörike und noch manche. Aber keiner dieser geliebten Dichter ist mir je zum tiefen Problem und wichtigen sittlichen Anstoß geworden, mit keinem von ihnen bedurfte ich des Kampfes und der Auseinandersetzung, während ich mit Goethe immer wieder Gedankengespräche und Gedankenkämpfe habe führen müssen (eines von ihnen steht im ›Steppenwolf‹, eines von Hunderten).« (GW XII, S. 145.) In der Erzählung ist Goethe – neben Mozart – einer der Heroen des Schöpferischen, mit denen Haller in Traumvisionen (104,3–109,17; 223,6–226,19) konfrontiert wird, »um ihm ihre Lektionen zu erteilen, die es ihm ermöglichen sollen, sein Leben sinnvoller zu gestalten« (Schwarz, 1983, S. 135).

17,21 *Jean Paul:* Für das von ihm sehr geschätzte Werk Jean Pauls (d.i. Johann Paul Friedrich Richter, 1763–1825) setzte sich Hesse immer wieder durch von ihm betreute oder eingeleitete Auswahlausgaben und Editionen einzelner Werke ein.

17,22 *Novalis:* Zu Novalis (d.i. Friedrich von Hardenberg, 1772–1801), dessen Werk Hesse seit seiner Jugend kannte und verehrte (vgl. etwa die frühe Erzählung *Der Novalis*, entstanden zwischen 1899 und 1902), gab Hesse (zusammen mit Karl Isenberg) 1925 den Band *Novalis. Dokumente seines Lebens und Sterbens* heraus.

17,22 f. *Lessing, Jacobi und Lichtenberg:* Mit Gotthold Ephraim Lessing (1729–81), Johann Georg Jacobi (1740–1814) und Georg Christoph Lichtenberg (1742–99) beschäftigte sich Hesse im Zusammenhang mit der geplanten Edition »Deutscher Geist 1750–1850« (vgl. Anm. zu 17,6 f.).

17,23 *Dostojewskibände:* In den Werken Dostojewskijs (1821–95) fand Hesse eigene Vorstellungen zur Entwicklung der Geschichte vorweggenommen. Man empfinde sein Werk, schreibt Hesse 1920 in »Gedanken zu Dostojewskis ›Idiot‹«, »als prophetisch, als Vorausspiegelung einer Zersetzung und eines Chaos, von dem wir Europa nun seit einigen Jahren auch äußerlich ergriffen sehen« (zit. nach: Mat. S. 223); in diesem Essay entwickelte Hesse auch seine für den *Steppenwolf* grundlegende Vorstellung eines ›magischen‹ Denkens, eines Wegs nach innen, ins eigene Unterbewußtsein, »um uns neu zu orientieren, um an den Wurzeln unseres Seins vergessene Triebe und Entwicklungsmöglichkeiten aufzufinden« (ebd.; vgl. auch Anm. zu 37,13).

17,32 *Burgunder:* Weine aus Burgund, dem französischen Anbaugebiet um Dijon, Beaune und Mâcon.
Malaga: süßer Dessertwein aus der Umgebung der südspanischen Stadt Málaga.

18,7 *Abstinent:* selten für: Abstinenzler, Antialkoholiker.

19,18 *Azalee:* buschartige Blütenpflanze, die ursprünglich aus dem Orient stammt und sowohl im Haus wie im Garten gehalten wird.
Araukarie: Zimmertanne; sie erscheint hier als Ausdruck domestizierter Natur und Symbol der Bürgerlichkeit. Eine parallele Szene, aus der Sicht Hallers, wird 32,35–33,22 geschildert. Vgl. auch Anm. zu 9,19 f.

20,33 *ein guter Grieche:* ›gut‹ im Schulfach »Griechisch«.

21,5–10 *›Man sollte stolz . . . bis sie es können‹:* Die beiden Sentenzen von Novalis stammen aus der Sammlung »Das Allgemeine Brouillon« (vgl. *Werke, Tagebücher und Briefe Friedrich von Hardenbergs*, hrsg. von Hans-Joachim Mähl und Richard Samuel, Bd. 2, München 1978, S. 693 und 610).

21,31 f. *Trambahnschaffners:* Straßenbahnschaffners.

22,5 *Zugängerin:* Zugehfrau, Aufwartefrau.

22,30 *Händel:* Georg Friedrich Händel (1685–1759), neben Johann Sebastian Bach (1685–1750) der bedeutendste Komponist in der 1. Hälfte des 18. Jh.s; Opern und Oratorien stehen im Mittelpunkt seines Schaffens.

22,36 *Friedemann Bach:* Wilhelm Friedemann Bach (1710

bis 1784), ältester Sohn Johann Sebastian Bachs, machte sich vor allem als Orgel- und Klavierspieler einen Namen, war aber auch ein produktiver Komponist.

23,9 *Variationen von Reger:* Max Reger (1873–1916) komponierte u. a. Variationen über Themen von Johann Sebastian Bach (op. 81; 1904), Beethoven (op. 86; 1904), Mozart (op. 132; 1914) und Georg Philipp Telemann (op. 134; 1914).

23,35 *Ich habe auch jahrelang enthaltsam gelebt:* vgl. auch 75,35–76,4. – Hesse selbst unterzog sich immer wieder für einige Zeit einem asketischen Lebensstil. In einem Brief an Walter Schädelin schreibt er am 31. Mai 1927: »Da es mir wieder seit Monaten auch körperlich schlecht ging, [...] habe ich mich wieder meiner alten indischen Übungen erinnert und den Weg der Askese beschritten, von dem ich ungefähr weiß, was man auf ihm erreichen kann« (Br. II, S. 176).

24,1 f. *im Zeichen des Wassermanns, einem dunklen und feuchten Zeichen:* Das elfte Sternbild des Tierkreises gilt in der Astrologie als ein dem Element der Luft zugeordnetes, männlich aktives und festes Zeichen. In einem (beim Druck allerdings) weggelassenen Horoskop des Steppenwolfs wird dieser vor seiner Neigung gewarnt, »sich an die feuchten u. trüben Tierkreiszeichen zu verlieren, an Wassermann und Fisch« (vgl. S. 64); vgl. hierzu auch das Gedicht »Nach dem Abend im Hirschen« aus dem Zyklus *Krisis* (1928), wo es heißt: »Ich will zum Wassermann und zu den Fischen / Und heim in das gewohnte Elend gehn.« (Zit. nach: Mat. S. 167).

24,4 f. *daß gerade er an Astrologie glaube:* Über Freunde wie Joseph Englert (1874–1957), der Hesse um 1920 ein ausführliches Horoskop erstellt hatte (vgl. Br. I, S. 573 bis 576), und den Psychiater Joseph Bernhard Lang (1883 bis 1945) war Hesse mit Astrologie bekannt geworden; doch wie Haller stand auch er dieser »Wissenschaft« nicht ohne Skepsis gegenüber (vgl. Br. II, S. 20). Mit dem C. G. Jung-Schüler Lang, bei dem Hesse sich 1916 einer Psychotherapie unterzogen hatte und mit dem er seitdem befreundet war, stand der Autor auch während der *Steppenwolf*-Zeit wieder in engem persönlichen Kontakt (vgl. das Gedicht »Abend mit Doktor Ling« aus dem *Krisis*-Zyklus, in: Mat. S. 182).

24,17 f. *eine junge, sehr hübsche Dame:* Hallers Beziehung zu seiner Geliebten Erika (vgl. auch 154,3–10) entspricht der damals sehr lose gewordenen Beziehung Hesses zu seiner zweiten Frau Ruth Wenger (geb. 1897). Sie hatten 1924 geheiratet, lebten aber schon wenige Monate nach der Hochzeit meist getrennt voneinander. Die Ehe wurde 1927 geschieden.

25,28 *im Sinne eines Ausdrucksversuches:* Eine wichtige Interpretationsanweisung des fiktiven Herausgebers, der hier auf die (selbst)therapeutische Funktion von Hallers Aufzeichnungen deutet, in denen den geschilderten Ereignissen und Figuren auch eine tiefenpsychologische Dimension zukommt.

26,16 *Kanapee:* (frz.) hier: Sofa.

27,19 f. *Gang durch die Hölle:* Hermine (vgl. Anm. zu 119,7), die Haller in einen neuen Lebensbereich einführt, hatte, als sie Haller zum ersten Mal begegnet, den Eindruck, sie habe ihn »gerade vor dem Tor der Hölle aufgefangen und wieder aufgeweckt« (121,32 f.); auf dem Höhepunkt des Maskenballs, der der entscheidenden Konfrontation mit dem eigenen Selbst vorausgeht, wird Haller Hermine in der »Hölle« treffen (180,36). Das Gefühl, als Intellektueller in einer inneren und äußeren »Dreckhölle der Herzensleere und Verzweiflung« (83,18 f.) zu leben, teilt Haller mit Hesse. »Es wird uns Geistigen nahezu unmöglich, in dieser Zeit zu leben, aber Aufgaben haben wir doch, und damit ist auch in der Hölle Leben möglich«, schreibt Hesse im Mai 1934 an Friedrich Michael (Br. II, S. 427).

27,21 *Chaos einer verfinsterten Seelenwelt:* Im *Tractat* wird als Hallers Aufgabe bestimmt, er müsse »tief in das Chaos der eigenen Seele blicken und zum vollen Bewußtsein seiner selbst kommen« (62,32 f.), um nicht mehr unter seiner Gebundenheit an diese Welt leiden zu müssen. Mit dem Begriff »Chaos« bezeichnete Hesse sowohl die damalige Situation der Zeit (vgl. die Essaysammlung *Blick ins Chaos*, 1920) wie seine eigene Lebenssituation, von der er Carlo Isenberg in einem Brief vom 7. Januar 1926 schreibt: »ich lebe, soweit ich überhaupt lebe, in aktueller, lebendiger Romantik und Magie, und schwimme wieder viel in der farbigen Tiefsee völlig außernormaler, phantastischer Träume und Vorstellungswelten. Es ist für mich der einzige Weg, das Leben unter den jetzigen Umständen ertragen zu können, und da ich hier einen Freund habe (den Pistorius des Demian) [gemeint ist der Psychiater J. B. Lang; vgl. Anm. zu 24,5], mit dem ich diese Wege gehe, hat diese böse Zeit (ich war und bin monatelang beständig dicht am Selbstmord gewesen) doch auch ihre Größe und Schönheit. Wieweit es mir einmal gelingen wird, meine jetzigen Chaos-Blicke und innern Erlebnisse mitteilbar und zu Dichtung zu machen, weiß ich nicht, es scheint fast unmöglich, aber auch hier handelt es sich ja bloß um den magischen Schritt vom Kra Kra zum All-Einen.« (Zit. nach: Mat. S. 58).

27,35–28,1 *Zum wirklichen Leiden . . . zwei Kulturen und Religionen einander überschneiden:* Hierzu vgl. Hesses Brief von 1926 an die Redaktion des *Ostwart-Jahrbuchs* in Breslau: »Es handelt sich darum, ob Europa noch eine Kultur, eine Sitte, einen geistigen Kern habe, und diese Frage muß ich verneinen. Sei unsre Kultur nun christlich gewesen oder nicht, vorhanden ist sie nicht mehr, und das wahrhaft teuflische, kaum mehr erträgliche Leben, das Europa heute führt, dieses vollkommen geistlose, kunstlose, ungebändigte, ungeformte, maschinelle Leben ist nach meiner Meinung ein Zustand, der nicht sehr lange dauern kann. Wir Zarteren gehen schon heute daran zugrunde, hängen uns auf oder saufen uns mit Alkohol zu Tode oder versinken in erstarrte Vereinsamung [. . .]. Daß ein neues Leben, eine neue Kultur kommen wird, ist mir selbstverständlich, die

Menschheit ist immer gleich jung oder alt. [. . .] Unter Untergehen verstehe ich nicht Sichaufhängen, sondern Einverstanden sein mit dem Chaos, Hingabe an die Vergänglichkeit, Lächeln darüber, Willigkeit zum persönlichen Mituntergehen« (Br. II, S. 148 f.).

29,2 *Nur für Verrückte:* Diese Empfehlung, die mit der Doppelbedeutung ›Geisteskranke, Irrenhausinsassen‹ und ›Menschen, die in ihrer inneren Haltung von der des Durchschnittsbürgers abgerückt sind‹ (vgl. 80,22 f.) spielt, taucht an entscheidenden Stellen im Text auf: in den flüchtig auftauchenden Lichtbuchstaben über dem Tor an der Mauer (37,29), als Motto zum *Tractat vom Steppenwolf* (46,17), auf der Garderobenmarke, die Haller während des Maskenballs erhält (179,30) und dann schließlich beim Eintritt in das Magische Theater (189,18).

29,28 *dem Beispiele Adalbert Stifters zu folgen:* Von Krankheitsschmerzen gequält, fügte sich der österreichische Schriftsteller Adalbert Stifter (1805–68) mit einem Rasiermesser am Hals einen Schnitt bei, an dessen Folgen er starb.

30,20–22 *Leier . . . Dankpsalm:* Anspielung auf die biblische Psalmodie, die mit der Leier (oder Harfe), einem Saiteninstrument, das man schlug oder zupfte, begleitet wurde (vgl. etwa Ps. 33,2 f.).

30,22 *Brom:* Das nichtmetallische Element, das in der Natur nur in Salzen gebunden vorkommt, wird in Lösungen und Tabletten als Beruhigungsmittel verwendet.

31,34 *Gasthaus zum Stahlhelm:* Hesse schreibt an Karl Dettinger am 31. März 1955: »mein Weinlokal aber während meiner 2 Basler Winter um 1924 war der Helm am Fischmarkt, im Steppenwolf Stahlhelm, der auch längst nicht mehr steht.« (Zit. nach: Mat. S. 155 f.)

32,5 *Klause:* kleiner Raum, Klosterzelle; hier in der Bedeutung: ruhige kleine Wohnung.

34,15 *Piano:* (ital.) hier: leises Spiel.

34,24 f. *eine goldene göttliche Spur:* Mit diesem Bild wird der von Haller immer wieder erfahrene beglückende Wahrnehmungsmoment beschrieben, wenn er sich jenem Bereich zeitloser, geistiger Leistungen nahe fühlt, der die von ihm verachtete empirische Wirklichkeit überlagert (vgl. 38,1 f.; 41,24; 50,6–8; 78,22 f. u. ö.).

34,35 *Descartes:* René D. (1596–1650), französischer Philosoph und Mathematiker, Begründer des modernen Rationalismus.

Pascal: Blaise P. (1623–62), Mathematiker und mystisch-subjektivistischer Philosoph, dessen philosophisches Hauptwerk *Pensées sur la religion* (Gedanken über die Religion) erst posthum 1669 erschien. – »Die Denker, die ich liebe (Nietzsche, Pascal, Novalis, und so viele andere) schreiben für ihresgleichen, nicht für Schulknaben«, schreibt Hesse am 13. Juni 1929 an Georg Reinhart (Br. II, S. 217).

36,1 f. *zwischen einer kleinen Kirche und einem alten Hospital:* Daß ein Eingang zum Magischen Theater (vgl. Anm. zu 191,1 f.) in einer alten Mauer zwischen diesen beiden traditionellen Institutionen erscheint, in denen sich die für die europäische Kultur grundlegende Trennung von Leib und Seele ausdrückt, weist nach Egon Schwarz (1961, S. 193) voraus auf die diese Trennung wieder aufhebende Macht des Magischen Theaters.

36,14 *kleine geschlossene Pforte:* Da die Pforte »nicht für jedermann« (37,13) einen Eintritt zum Magischen Theater gewährt, hat man wohl auch das biblische Bild mitzudenken: »Und die Pforte ist eng, und der Weg ist schmal, der zum Leben führt; und wenige sind ihrer, die ihn finden« (Mt. 7,14); in diesem Sinne spricht auch der *Tractat* vom »einzigen schmalen Weg« (70,7 f.) »zum wahren Menschen, [...] zu den Unsterblichen« (70,1 f.). Für »Jedermann« sind dagegen solche Abendunterhaltungen wie »Damenkapelle – Varieté – Kino – Tanzabend«, zu welchen die »Normalen« »in Scharen durch die Pforten drängen« (38,8–12).

37,12 *Magisches Theater:* Erste Erwähnung des imaginären Ortes, an dem Haller später mit seinem eigenen Selbst konfrontiert wird (vgl. Anm. zu 191,1 f.). – Am 4. Juli 1924 schreibt Hesse an Georg Alter, daß die Magie darin bestehe, »sich von der Zeit und vom Außen unabhängig zu machen und mit der Seele in dem zu leben, was uns schön, lebendig und heilig scheint, sei das nun Buddha, Jesus, Sokrates oder Goethe oder Musik oder Natur« (Br. II, S. 88).

38,34 f. *Philister:* Dies aus der Studentensprache des 17. Jh.s stammende Wort bezeichnete ursprünglich die für Ordnung sorgenden Stadtsoldaten; schon im 18. Jh. erweiterte sich seine Bedeutung zu: kleinbürgerlich beschränkte Menschen, Spießbürger.

40,2 *schöppelnde:* weintrinkende.

40,21 *Giottosche Engelscharen:* Eines der bekanntesten Werke des italienischen Malers Giotto di Bondone (1266 bis 1337) sind die Wandmalereien mit Bildern zum Leben Mariä und Christi und dem Jüngsten Gericht in der Arena-Kapelle in Padua.

40,23 *Hamlet und die bekränzte Ophelia:* In William Shakespeares (1564–1616) Schauspiel *Hamlet* geht Ophelia, die Geliebte des Helden, wahnsinnig geworden, blumenbekränzt ins Wasser und ertrinkt.

40,25 *Luftschiffer Gianozzo:* Titelgestalt von Jean Pauls Erzählung *Des Luftschiffers Gianozzo Seebuch* (1801) aus dem *Komischen Anhang zum Titan.*

40,26 *Attila Schmelzle:* Titelgestalt aus Jean Pauls Erzählung *Des Feldpredigers Schmelzle Reise nach Flätz* (1809).

40,27 *Borobudur:* die 1835 neu entdeckte Tempelanlage in Mitteljava aus dem 9. Jh., eines der großartigsten Monumente buddhistischer Architektur und Skulptur.

41,2 *Miniaturen:* kunstvolle farbige Illustrationen in mittelalterlichen Handschriften.

41,11 *Gubbio:* Stadt in Mittelitalien (Umbrien). Vgl auch Hesses Reiseerinnerung »Gubbio« (1907) in: Hermann Hesse, *Italien. Schilderungen, Tagebücher, Gedichte, Aufsätze, Buchbesprechungen und Erzählungen*, hrsg. von Volker Michels, Frankfurt a. M. 1983, S. 213–220.

41,25 *Mozart:* Es ist vor allem die Musik Wolfgang Amadeus Mozarts (1756–91), in der sich für Haller jene »zweite, höhere, unvergängliche Welt« (Nachwort zum *Steppenwolf*, 1942; zit. nach Mat. S. 159) eröffnet. Schon in »Aus einem Tagebuch des Jahres 1920« (in: *Corona* 3, 1932/33, S. 192 ff.) findet sich die Notiz: »Mozart. Das bedeutet: die Welt hat einen Sinn und er ist uns erspürbar im Gleichnis der Musik.« Haller begegnet Mozart später in der imaginären Welt des Magischen Theaters (223,6 ff. und 229,35 ff.).

41,34 *Stil Louis Seize:* der in den sechziger Jahren des 18. Jh.s von Frankreich übernommene und vom Rokoko in den Klassizismus übergehende Kunst- und Einrichtungsstil, benannt nach dem französischen König Ludwig XVI. (1754–93).

43,13 f. *Untergangsmusik:* Die Pflege und Art der Musik erscheint bei Hesse immer wieder als Ausdruck des Zustandes der Kultur einer Gesellschaft; vgl. etwa das Kapitel »Die Musik des Untergangs« in *Klingsors letzter Sommer* (1920), zu dem Adrian Hsia (1974, S. 224–229) einen aufschlußreichen Kommentar geschrieben hat. Im *Steppenwolf* ist damit in erster Linie die zeitgenössische populäre Unterhaltungs- und Tanzmusik gemeint, die als »billige Eintagsmusik« der wirklichen, der »göttliche[n] und ewige[n] Musik« (146,18 f.) Bachs und Mozarts gegenübergestellt wird.

43,14 *im Rom der letzten Kaiser:* Anspielung auf den Niedergang und die Dekadenz im Ausgang des antiken römischen Reiches während des 3.–5. Jh.s.

46,8 f. *las ich mit Verwunderung und . . . Schicksalsgefühl:* Die Szene erinnert an eine ähnlich bedeutsame Szene in dem Roman *Heinrich von Ofterdingen* (1799/1800) von Novalis, wo dem Helden in der Höhle eines Eremiten ein Buch in die Hände fällt, das Bilder aus seiner Vergangenheit, Gegenwart und Zukunft enthält (*Werke, Tagebücher und Briefe Friedrich von Hardenbergs*, hrsg. von Hans-Joachim Mähl und Richard Samuel, Bd. 1, München 1978, S. 312 f.).

46,14–16 *Tractat vom Steppenwolf:* Der *Tractat* führt eine dritte, eine analytische Perspektive ein, die von einer höheren Warte aus ein distanziert sozio-psychologisches, gelegentlich sogar ironisches Porträt des Steppenwolfs, einen »Abriß seiner innern Biographie« (63,22), gibt. Der Titel *Tractat* verweist auf die didaktische Funktion der Abhandlung. Hesse kannte solche Broschüren schon als Junge, da das Calwer Druckhaus, für das Hesses Vater tätig war, eine Vielfalt solcher erbaulichen Traktat-Heftchen verlegte. – Der ursprünglich geplante Titel war »Märchen vom Steppenwolf« (vgl. S. 63 f.), dem auch noch der typische Märchenanfang »Es war einmal« entspricht. Hesse legte großen Wert darauf, daß der *Tractat* durch das Druckbild deutlich von den Aufzeichnungen Hallers abgesetzt wurde; auf dem Faltblatt, das den *Tractat* im Manuskript bündelt, notierte Hesse: »Diese Geschichte seiner selbst liest er [Haller] im Abendvergnügen u. lernt daraus den Witz mit dem Rasiermesser am 50. Geb. Diese Schrift wird im Buch durch einen eingehefteten farbigen Umschlag mit eigener Paginierung hervorgehoben, evtl. auch durch einen anderen Schriftgrad.« (*Hermann Hesse 1877–1977*, S. 226.) Es war Hesse also wichtig anzudeuten, daß der *Tractat* nicht als integrierter Teil von Hallers Aufzeichnungen gelesen werden sollte. Im Text fungiert er als vorgezogener Kommentar zur Entwicklung Hallers, der seine Selbstanalyse noch zu vollziehen hat.

49,30 f. *wie ein einziger Sünder . . . als neunundneunzig Gerechte:* Der Vergleich entstammt dem Neuen Testament: »Ich sage euch: Also wird auch Freude im Himmel sein über *einen* Sünder, der Buße tut, mehr als über neunundneunzig Gerechte, die der Buße nicht bedürfen.« (Lk. 15, 7.)

Zwischentitel und Anfang des »Tractats vom Steppenwolf« in der Erstausgabe von 1927

Tractat

vom

Steppenwolf

Nur
für
Verrückte

Es war einmal einer namens Harry, genannt der Steppenwolf. Er ging auf zwei Beinen, trug Kleider und war ein Mensch, aber eigentlich war er doch eben ein Steppenwolf. Er hatte vieles von dem gelernt, was Menschen mit gutem Verstande lernen können, und war ein ziemlich kluger Mann. Was er aber nicht gelernt hatte, war dies: mit sich und seinem Leben zufrieden zu sein. Dies konnte er nicht, er war ein unzufriedener Mensch. Das kam wahrscheinlich daher, daß er im Grunde seines Herzens jederzeit wußte (oder zu wissen glaubte), daß er eigentlich gar kein Mensch, sondern ein Wolf aus der Steppe sei. Es mögen sich kluge Menschen darüber streiten, ob er nun wirklich ein Wolf war, ob er einmal, vielleicht schon vor seiner Geburt, aus einem Wolf in einen Menschen verzaubert worden war oder ob er als Mensch geboren, aber mit der Seele eines Steppenwolfes begabt und von ihr besessen war oder aber ob dieser Glaube, daß er eigentlich ein Wolf sei, bloß eine Einbildung oder Krankheit von ihm war. Zum Beispiel wäre es ja möglich, daß dieser Mensch etwa in seiner Kindheit wild und unbändig und unordentlich war, daß seine Erzieher versucht hatten, die Bestie in ihm totzukriegen, und ihm gerade dadurch die Einbildung und den Glauben schufen, daß er in der Tat eigentlich eine Bestie sei, nur mit einem dünnen Überzug von Erziehung und Menschentum darüber. Man könnte hierüber lang und unterhaltend sprechen und sogar Bücher darüber schreiben; dem Steppenwolf aber wäre damit nicht gedient, denn für ihn war es ganz einerlei, ob der Wolf in ihn hinein-

51,3 *ihr Leben ist kein Sein:* Zu diesem Gedanken vgl. das Gedicht »Klage«: »Uns ist kein Sein vergönnt. Wir sind nur Strom« (GW I, S. 107); es gehört zu einem kleinen Zyklus von Gedichten, die Hesse 1935 unter dem Titel *Die Gedichte des jungen Josef Knecht*, dem Protagonisten des Romans *Das Glasperlenspiel* (1943), veröffentlichte.

51,14 *Urmutter:* Die Beschreibung der Natur, der Erde als allumfassende, aber auch unerbittliche Große Mutter, als Ur-Schoß, dem alles Leben entspringt und der auch den Tod in sich birgt, ist ein in vielen Mythologien bekanntes Bild, das den Wandel symbolisiert; in der Tiefenpsychologie C. G. Jungs erscheint die Große Mutter als Archetyp des stofflichen Prinzips, dem der »alte Weise«, der »Urvater Geist« (69,19) als Archetyp des geistigen Prinzips gegenübersteht; zu beiden Archetypen gehören schon in den verschiedenen Mythologien gute und böse, lichte und dunkle Aspekte (vgl. Jolande Jacobi, *Die Psychologie von C. G. Jung. Eine Einführung in das Gesamtwerk*, 5., rev. Aufl., Zürich/Stuttgart 1967, S. 192 ff.). Vgl. auch das Gedicht »Hingabe« aus dem *Krisis*-Zyklus (Mat. S. 162 f.).

51,20 *Signaturen:* Kennzeichen; hier etwa ›Charakter, Erscheinung‹.

52,12 *die Gefangenschaft in einer Kaserne:* als Soldat in einer Kaserne leben und Befehle entgegennehmen zu müssen.

54,32 *Schuldgefühl der Individuation:* Die Entwicklung der Persönlichkeit, der Weg der Individuation, vollzieht sich nach C. G. Jung als Konfrontation mit dem Unbewußten und dessen Integration und bewußte Annahme; dieser Prozeß der Selbstwerdung umgreift die Anpassung und Einordnung des Menschen in seine Umwelt wie die Erkenntnis der inneren und äußeren Bezogenheit des Menschen in das irdische und kosmische Weltgefüge (vgl. Jolande Jacobi, *Die Psychologie von C. G. Jung. Eine Einführung in das Gesamtwerk*, 5., rev. Aufl., Zürich/Stuttgart 1967, S. 164 ff.). Eine so weit getriebene Individuation wie im Falle Hallers birgt freilich in sich die Gefahr der sozialen Isolation, »kehrt sich gegen das Ich und neigt wieder zu dessen Zerstörung« (60,34 f.).

54,35 *zurück zur Mutter:* vgl. Anm. zu 51,14; in *Narziß und Goldmund* (1930) »empfindet Goldmund sein Sterben als Heimkehr, als Rückkehr zur Mutter und ist nicht imstande, das Bild dieser Urmutter zu malen, da es den Kosmos mit allem Weltgeschehen darzustellen hätte« (Hsia, 1974, S. 260); vgl. auch 69,7 f.

56,12 f. *Er setzte seinen fünfzigsten Geburtstag als den Tag fest:* Diese Idee hat einen autobiographischen Hintergrund; am 1. April 1925 schreibt Hesse an Emmy und Hugo Ball: »Ich war eine Weile ziemlich verzweifelt und mochte nicht mehr leben. Aber dann fand ich einen Ausweg. Ich nahm mir vor, daß ich an meinem 50. Geburtstag, in zwei Jahren, das Recht haben werde mich aufzuhängen, falls ich es dann noch wünsche – und jetzt hat alles, was mir schwer fiel, ein etwas anderes Gesicht bekommen, da es ja auch im bösesten Fall bloß noch zwei Jahre dauern kann.« (Zit. nach: Mat. S. 43.)

58,25 f. *des Heiligen und des Wüstlings:* vgl. auch das Gedicht »An den indischen Dichter Bhartrihari« aus dem Zyklus *Krisis*, in dem Hesse dies »Zickzack zwischen Trieb und Geist« als seinen damaligen Weg darstellt (zit. nach: Mat. S. 193 f.).

60,1 *common sense:* (engl.) svw. ›gesunder Menschenverstand‹. – Dieser für das moderne angelsächsische Denken noch immer grundlegende Begriff geht auf die schottische Schule der englischen Philosophie des 18. Jh.s um Thomas Reid (1710–96) und Adam Ferguson (1723–1816) zurück; hier wird das von gelehrten wie ungelehrten Menschen gleichermaßen geteilte Vermögen, im Alltag realistisch und pragmatisch zu urteilen, als Ausgangspunkt der Erkenntnis gesehen.

60,29 f. *der umgekehrte Grundsatz der Großen: Wer nicht wider mich ist, der ist für mich!:* Anspielung auf die neutestamentliche Erzählung von der Heilung eines Besessenen (Lk. 11, 14–23), wo Jesus auf den Vorwurf, er sei mit dem Teufel im Bunde, mit einer Warnung vor Wankelmütigkeit und Neutralität im Kampfe gegen das Böse antwortet: »Wenn der Starke bewaffnet seinen Hof bewahrt, bleibt sein Besitztum in Frieden. Doch wenn ein Stärkerer kommt und ihn überwindet, nimmt er ihm seine Waffenrüstung, auf die er sich verließ, und verteilt die Beute. Wer nicht mit mir ist, der ist wider mich, und wer nicht mit mir sammelt, der zerstreut.«

61,21 *ein drittes Reich:* Anspielung auf die mittelalterliche Vorstellung eines zu erwartenden Dritten Reiches, die Utopie eines »Goldenen Zeitalters«, in dem die Bedrängnisse der gegenwärtigen Existenz überwunden sein werden. Für Hesse ist diese mythische Hoffnung eine Metapher für die Sphäre, in der die »Unsterblichen« (vgl. Anm. zu 63,13) residieren, für jenes »Reich des Echten [. . .] jenseits der Zeit und des Scheins« (167 f.) (vgl. hierzu Ziolkowski, 1965, S. 34 ff.).

61,22 *Humor:* Mit diesem Begriff wird ein Schlüsselmotiv der Erzählung benannt und – nach dem Verfasser des *Tractats* – das Ziel von Hallers Selbstfindungsprozeß: er soll dahin gelangen, »in der schwülen Wirrnis seiner Hölle [. . .] diesen Zaubertrank auszukochen, auszuschwitzen, dann wäre er gerettet« (62,18–20). Haller soll lernen, über sich und seine haßvolle Verachtung der bürgerlichen Welt zu lachen. In diesem Sinne ist Humor nicht das, »was deutsche Professoren so nennen, sondern etwas verflucht Dorniges und Hartes« schreibt Hesse an Alfred Kubin Ende März 1932 (Br. II, S. 331). Etwas eingehender erläutert Hesse seinen Humor-Begriff in den 1927 erschienenen Reiseerinnerungen *Die Nürnberger Reise*: »Die Natur bringt [. . .] etwas höchst Schönes und Kompliziertes zuwege, wovor fast alle Menschen einen gewissen Respekt haben: den Humor. In jenen leidenden Menschen nämlich, in jenen allzu weichen, allzu wenig smarten, allzu vergnügungssüchtigen, auf den Trost erpichten Menschen entsteht gelegentlich das, was man Humor nennt, ein Kristall, der nur in tiefen und dauernden Schmerzen wächst und der immerhin zu den besseren Erzeugnissen der Menschheit gehört« (GW VII, S. 126); dieser Humor, von dem es auch in der Erzählung heißt, er sei »vielleicht die eigenste und genialste Leistung des Menschentums« (62,7 f.), »ist immer Galgenhumor« (233,32 f.) und gewährt einen Abstand zu sich und den Dingen, der auch die scheinbar unversöhnlichsten Gegensätze, wie Hallers Gebundensein ans Endliche bei gleichzeitigem Ausgerichtetsein auf das Unendliche, erträglich werden läßt. Hesse greift hier Gedanken Nietzsches auf, der in *Die Geburt der Tragödie* (1872) empfiehlt: »Ihr solltet vorerst die Kunst des *diesseitigen* Trostes lernen, – ihr solltet *lachen* lernen, meine jungen Freunde, wenn anders ihr durchaus Pessimisten bleiben wollt; vielleicht daß ihr darauf hin, als Lachende, irgendwann einmal alle metaphysische Trösterei zum Teufel schickt – und die Methaphysik voran!« (*Sämtliche Werke*, krit. Studienausg. in 15 Bdn., hrsg. von Giorgio Colli und Mazzino Montinari, Bd. 1, München 1980, S. 22.) – ein Lachen also, das als Vermittler zwischen der Wirklichkeit und dem Ideal dient (vgl. hierzu Artiss, S. 97 f.). Der anfangs völlig humorlose Haller, dem allenfalls ein gequältes (vgl. 84,6–16) und nur in seltenen Momenten ein gelöstes Lächeln gelingt (vgl. 8,24; 19,3; 23,2), lernt unter dem Einfluß von Hermine und in Pablos Magischem Theater, »einer Schule des Humors« (193,19), die Fähigkeit des distanzierten Humors bis zu einem gewissen Grad, doch die höchste Form, das befreite Lachen der Unsterblichen (vgl. Anm. zu 169,10 f.), bleibt ihm – noch – verwehrt; die unerträgliche Kälte des Jenseits der Unsterblichen nimmt ihm in der Phantasmagorie des Magischen Theaters »Atem und Bewußtsein« (226,19).

63,13 *den Unsterblichen:* »Der Inhalt und das Ziel des ›Steppenwolf‹ sind nicht Zeitkritik und persönliche Nervositäten, sondern Mozart und die Unsterblichen«, schreibt Hesse 1931 oder 1932 an P. A. Riebe (Mat. S. 147). – »Weitaus die Mehrzahl der Menschen, mit denen ich lebe, deren Werk oder Vorbild mir etwas bedeutet, deren Vorhandensein mir tröstlich ist, lebt nicht in diesem trüben ›Heute‹, sondern auf einer überzeitlichen Ebene, im ›Steppenwolf‹ habe ich sie, glaube ich, die ›Unsterblichen‹ genannt. Zu ihnen gehören Bach wie Jesus, Lao Tse und Buddha wie Giorgione, Corot oder Cézanne. Ich glaube nicht, daß es irgend einem Künstler, Dichter oder Denker anders geht: seine Kameraden sind vor allem die Vorangegangenen, die, deren Gedanken, Ziele und Ideale auch nach Jahrzehnten, Jahrhunderten oder Jahrtausenden noch lebendig und schön und wirksam sind, während die Kaiser, Könige, Staatsführer, Feldherren, die Größen des ›Heute‹, alle morgen schon veraltet und dann rasch vergangen sind. Was ist heut Kaiser Wilhelm, Hitler, Hindenburg?« (Brief an H. M., Februar 1953; zit. nach: Mat. S. 154.) Aus der Perspektive der »Unsterblichen« und ihrer der Wirklichkeit entrückten Idealität erscheint das irdische Dasein als eine chaotische Misere, über die sie ein enthobenes kaltes, ewiges Lachen anstimmen (vgl. das Gedicht »Die Unsterblichen« S. 170 f.). Dieses kalte und »für Menschen kaum erträgliche Gelächter des Jenseits« (232) entspricht Nietzsches »Gelächter der Höhe« (vgl. Artiss, S. 97 f.; vgl. auch Anm. zu 169,10 f.).

63,14 *in einem unsrer magischen Theater:* es gibt also mehrere magische Theater (138,3; 226,33) und somit unterschiedliche Wege der Selbstbegegnung (vgl. Anm. zu 37,13).

63,26 f. *er weiß vom Vorhandensein jenes Spiegels, in den zu blicken er so bitter nötig hätte:* Das Motiv des Spiegels ist von zentraler Bedeutung für die Erzählung. Hesse entfaltet es in zunehmend bedeutungsgeladeneren Gestaltungen zu einem komplexen Motivgefüge: Am Anfang der Aufzeichnungen Hallers sind es zunächst nur die auf das Magische Theater verweisenden Lichterspiegelungen in den Pfützen und auf dem nassen Asphalt (36,30 ff.), dann blickt Hermine in eben einen solchen kleinen runden Taschenspiegel, wie er hier im *Tractat* erwähnt wird (63,12) und wie ihn dann Pablo bei der Einführung Hallers in die

Spiegelwelt des Magischen Theaters benutzt (191,7); mit Hilfe dieses magischen Taschenspiegels begeht Haller »einen kleinen Scheinselbstmord«, löscht er den Steppenwolf durch ein »erlösendes Gelächter« aus (193). Wenig später erblickt sich Haller in einem großen Wandspiegel, der unversehens seine Gestalt in unzählige Harry-Figuren und Teile seiner Persönlichkeit zerlegt (194,33-195,15); dieselbe Wirkung hat der Spiegel des Schauspielers, der in der Szene »Anleitung zum Aufbau der Persönlichkeit« (208) die vielen Ichs Hallers wie Schachfiguren in immer wieder neue Gruppierungen und Beziehungen zusammenfügt; enttäuscht darüber, daß auch das Magische Theater ihn nicht aus der als leidvoll empfundenen Verstrickung an das Diesseits befreit, zertritt Haller schließlich den Wandspiegel (227,20), ehe er Hermine in einer weiteren illusionistischen Szene mit einem gespiegelten Messer ersticht (228,6); Hermine selbst, in deren Blick Haller seine eigene Seele erkennt (188,34), fungiert als »eine Art Spiegel« (119,25) für ihn; der bedeutsamste Spiegel aber ist der *Tractat*, in dem ein unbekannter Verfasser nicht ohne ironische Untertöne ein sprachliches Spiegelbild der Persönlichkeit Hallers gibt. »Im ›Steppenwolf‹ gewinnt dieses traditionelle Symbol durch seine Abstufungen an Aussagekraft: der Blick in den Spiegel und der Widerschein des eigenen Selbst in anderen Menschen bedeutet ebenso wie das ›Bildnis‹ des Traktats Ich-Erfahrungen, die dem Suchenden zu Wegweisern werden. Mit dem Symbol des Spiegels wählt Hesse ein archetypisches Bild, das eine vielfältige Bedeutung in sich schließt. Die magischen Kräfte des Spiegels machen ihn einerseits zu einem Attribut der Hellseher und Propheten, andererseits stellt seine Fähigkeit, dem Betrachter das eigene Bild zurückzuwerfen, das Vermögen der Psyche dar, das Individuum mit seinem wahren Selbst zu konfrontieren und das bislang Unbewußte ins Bewußtsein zu heben« (Esselborn-Krumbiegel, S. 44). – Eingehend ist das Spiegel-Motiv bei Freedman, 1963, S. 76–94 und Artiss S. 88–93 behandelt; vgl. S. 131–133.

66,7 *Schizophrenie:* Als medizinischer und psychiatrischer Fachausdruck bezeichnet Schizophrenie eine psychosenartig verlaufende Geisteskrankheit mit völligem Verfall der Persönlichkeit und der inneren Zusammenhänge von Wollen, Fühlen und Denken; im allgemeinen Sprachgebrauch meint man damit auch innere Widersprüchlichkeit, absurdes und wahnhaftes Verhalten. Haller bezeichnet sich selbst als *Schizophrenen* (91,34).

67,14 *Inkarnationsreihen:* Im Hinduismus und Buddhismus besteht die Überzeugung, daß im Kreislauf der Wiedergeburten die früheren Existenzen wiedererinnert werden können und so fortwirken; Hesse benutzt diese Vorstellung auch im Sinne von ›Neugestaltung der Persönlichkeit und Wiedergeburt durch Selbstbegegnung‹ (vgl. 77,31).

67,19–22 *die Figuren . . . nicht als Einzelwesen anzusehen, sondern . . . als verschiedene Aspekte einer höhern Einheit (meinetwegen der Dichterseele):* Durch den Verfasser des *Tractats* wird hier frühzeitig schon auf eine psychologische Interpretationsmöglichkeit auch der Erzählung selbst hingewiesen, nämlich Figuren des Handlungsgeschehens nicht als eigenständige Charaktere, sondern als Projektionen und Ausdruck von Elementen und Bedürfnissen der Psyche des autobiographischen Protagonisten zu verstehen (vgl. Anm. zu 119,7; 135,34 und 139,27).

67,23 f. *Faust, Mephisto, Wagner:* Figuren aus Goethes *Faust.*

67,29 *»Zwei Seelen wohnen, ach, in meiner Brust!«:* Die vielzitierte Sentenz aus *Faust I* (V. 1112), mit der der von allem Wissen enttäuschte Gelehrte die ihn innerlich zerreibende Kluft zwischen seinem intellektuellen Streben nach universeller Wahrheit einerseits und seinem Wunsch nach sinnlicher Befriedigung andererseits auf eine Formel bringt. – Zu Parallelen zwischen Faust und Haller vgl. S. 133–135.

68,3 *im buddhistischen Yoga:* Das Wort Yoga bezeichnet allgemein eine Askesetechnik und Methode der Meditation, die jedoch innerhalb der verschiedenen indischen Geistesströmungen immer wieder andere Bedeutung annehmen.

Im Gegensatz zum Hinduismus leugnet der Buddhismus die Existenz einer Persönlichkeit, eines Selbst (âtman). Daher dienen die yogischen Techniken im Buddhismus dazu, das Ziel aller spirituellen Praxis, das Nirvâna, den nicht mehr beschreibbaren Zustand des Nichtbedingten zu erreichen (vgl. Mircea Eliade, *Yoga. Unsterblichkeit und Freiheit*, Frankfurt a. M. 1985, S. 171–208).

68,8 f. *Okzident:* das Abendland, die westliche Kultur, im Gegensatz zum Orient, dem Morgenland.

68,22 *Sublimierte:* Erhabene, Verfeinerte.

69,1–6 *Der Mensch ist . . . Brücke zwischen Natur und Geist:* Das Bild geht wohl auf den vierten Abschnitt der Vorrede von Nietzsches *Also sprach Zarathustra* zurück: »Was gross ist am Menschen, das ist, dass er eine Brücke und kein Zweck ist: was geliebt werden kann am Menschen, das ist, dass er ein *Übergang* und ein *Untergang* ist.« (*Sämtliche Werke*, krit. Studienausg. in 15 Bdn., hrsg. von Giorgio Colli und Mazzino Montinari, Bd. 4, München 1980, S. 16 f.)

69,18 f. *böse Urmutter Natur wie den lästigen Urvater Geist:* vgl. Anm. zu 51,14.

69,23 *Moloch:* ursprünglich ein semitischer Gott, dem Menschenopfer dargebracht wurden; Sinnbild für alles, was Menschen oder wertvolle Güter verschlingt.

69,32 *Schafott:* Hinrichtungsgerüst.

70,30 *Vereinsamung im Garten Gethsemane:* Im Garten von Gethsemane in Jerusalem betete Jesus in der Nacht, bevor er verraten wurde, während seine Jünger, denen er aufgetragen hatte mit ihm zu wachen, in der Nähe schliefen (vgl. Mt. 26,36–46).

71,9 *»Zurück zur Natur!«:* antizivilisatorisches Schlagwort, das auf Gedanken des französischen Philosophen Jean-Jacques Rousseau (1712–78) zurückgeht.

71,17 f. *»O selig, ein Kind noch zu sein!«:* Refrain aus dem lyrischen Zarenlied »Sonst spielt' ich mit Zepter, mit Krone und Stern« in Albert Lortzings (1801–51) komischer Oper *Zar und Zimmermann* (1837).

72,6 *Buddha:* (Sanskrit, ›der Erwachte‹). Der Begründer des Buddhismus Siddhartha Gautama (um 566–486 v. Chr.) verwirklichte im Alter von 35 Jahren durch Meditation die vollkommene Erleuchtung und wurde dadurch zu einem Buddha. Während seines Lebens als wandernder Asket wurde er als Shâkyamuni (›der schweigende Weise aus dem Geschlecht der Shâkyas‹) verehrt. Hesse, dessen Eltern als Missionare lange Jahre in Indien gelebt hatten, war von Kindheit an mit der indischen Geisteswelt vertraut; er reiste selbst 1911 nach Indien (vgl. *Aus Indien*, 1913) und beschäftigte sich sein Leben lang mit fernöstlichen Weisheitslehren, was sein Werk in vielfacher Weise beeinflußte, am nachhaltigsten in *Siddhartha. Eine indische Dichtung* (1922).

73,15 *Wolfmärchen:* vgl. den Märchenanfang des *Tractats* (46,14).

74,4 *belustigt zulächeln:* Die beiden Schlußworte des *Tractats* formulieren das Ziel von Hallers Heilungsprozeß und die Haltung der Unsterblichen (vgl. Anm. zu 61,22).

74,10 *Ich Steppenwolf trabe und trabe:* Dieses Gedicht ist fast textidentisch mit dem Gedicht »Steppenwolf« (vgl. Mat. S. 174), das zu dem im Winter 1925/26 entstandenen Zyklus *Krisis* gehört (vgl. S. 59 f.).

75,2 *Knittelversen:* paarweis gereimte, vierhebige Verse mit unregelmäßiger Senkenfüllung, was den Versen eine gewisse Holprigkeit verleiht; der Knittelvers gilt als kunstlose, volkstümliche Versform.

75,25 f. *meinen bürgerlichen Ruf samt meinem Vermögen verloren:* Ähnlich erging es Hesse; seine gegen den Krieg gerichteten Aufsätze wie »O Freunde nicht diese Töne« (1914) und »Wieder in Deutschland« (1915) führten zu zahlreichen und bis in die 20er Jahre reichenden Angriffen in der rechtskonservativen Presse (vgl. »Haßbriefe«, 1921, in: Mat. S. 224–228), in denen der in der Schweiz lebende Hesse als Drückeberger und vaterlandsloser Geselle denunziert wurde (vgl. Anm. zu 89,29 f.). Hesses Einnahmen aus dem Verkauf seiner Bücher waren während der Inflationsjahre fast wertlos (vgl. den Brief an Ludwig Finckh vom 10. September 1922 in: Br. II, S. 33 f.).

75,29–31 *meine geisteskrank gewordene Frau hatte mich aus Haus und Behagen vertrieben:* Das Zerbrechen seiner Ehe wird von Haller mehrfach erwähnt (89,20; 99,30; 154,28). Der autobiographische Hintergrund hierzu ist das Scheitern von Hesses erster Ehe; seine um fast zehn Jahre ältere Frau Maria geb. Bernoulli, die um 1918 psychisch schwer erkrankte, mußte in der Folge mehrfach in Nervenkliniken behandelt werden; schon länger bestehende Spannungen zwischen den Ehepartnern und diese Erkrankung führten dazu, daß sich Hesse von seiner Familie trennte und die Ehe schließlich 1923 geschieden wurde.

77,6 f. *jenem Rauche in Nietzsches Herbstlied gleich:* vgl. Nietzsches Gedicht »Abschied«: »Die Krähen schrei'n / Und ziehen schwirren Flugs zur Stadt«; die vierte Strophe lautet: »Nun stehst Du bleich, / Zur Winter-Wanderschaft verflucht, / Dem Rauche gleich, / Der stets nach kältern Himmeln sucht.« (*Sämtliche Werke*, krit. Studienausg. in 15 Bdn., hrsg. von Giorgio Colli und Mazzino Montinari, Bd. 11, München 1980, S. 329.)

77,25 *Kohlengas:* Kohlenmonoxyd, ein sehr giftiges Gas, das im Haushaltsgas enthalten ist und bei der Verbrennung von Kohle entsteht.

78,6 f. *der edle Don Quichotte:* Der Titelheld des Romans von Miguel de Cervantes Saavedra (1547–1616) macht sich in seiner Umwelt zum Narren, indem er weiterhin an anachronistisch gewordenen Ritteridealen festhält.

78,36 *Opiumpräparat:* Hesse nahm zuweilen Opium oder Opiate als Mittel gegen die ihn häufig quälenden Augen- und Gichtschmerzen; es gibt jedoch keine Hinweise darauf, daß er – wie Haller (158,26 f.; 190,17) – Drogen für bewußtseinserweiternde Experimente benutzte, wie Timothy Leary vermutet hatte; vgl. S. 112 f. sowie Haines.

81,1 *Martinsvorstadt:* eine fingierte Ortsbezeichnung in

Analogiebildung zu Basler Straßennamen wie Johanns-Vorstadt und Alba-Vorstadt, wobei der erste Teil des Namens an die Zürcher Martinburg erinnert.

81,7 f. *Erika . . . wir lebten seit langem in sehr loser Verbindung:* vgl. Anm. zu 24,17 f.

81,23 f. *Patentfriedhof mit . . . allen Schikanen:* ein rein funktionaler und technisch effizienter Friedhof; wohl Eigenbildung Hesses.

83,21 *ein junger Professor:* Die Vermutung, daß diese Figur in manchen Zügen an den bekannten und von Hesse auch persönlich geschätzten Sinologen Richard Wilhelm (1873 bis 1930) angelehnt sei (vgl. Pfeifer, 1980, S. 189), trifft wohl kaum zu. Wilhelm hatte Hesse lediglich im Juni 1926 eine Postkarte mit jenem idealisierten Goethe-Porträt geschickt, das ihm als Modell zu der von der Frau des Professors verehrten Goethe-Radierung diente (vgl. Anm. zu 88,22).

86,12 f. *Sokrates . . . Haydn . . . Dante:* Der griechische Philosoph Sokrates (469–399 v. Chr.), der österreichische Komponist Joseph Haydn (1732–1809) und der große italienische Renaissancedichter Dante Alighieri (1265–1321) gehören wie Jesus Christus zu den »Unsterblichen« (vgl. Anm. zu 63,13).

86,33 *englisches Pflaster:* durchscheinendes, dünnes, nach Anfeuchten fest auf der Haut klebendes Seidenpflaster.

87,30 *Der Abend wurde denn auch entsprechend wunderbar:* Zur folgenden Szene vgl. das Gedicht »Mißglückter Abend« (S. 72 f.) aus dem Zyklus *Krisis* .

88,5 f. *Erschütterung der bisherigen Denkgrundlagen durch Einstein:* In seiner *Speziellen Relativitätstheorie* von 1905 erläuterte Albert Einstein (1879–1955) seine bahnbrechende Theorie von der Relativität von Raum und Zeit, die nicht absolute und universelle Größen sind, sondern vom Bewegungszustand des Beobachters abhängen, und der sich daraus ergebenden Umwandelbarkeit von Masse (m) und Energie (E) nach der Formel $E = mc^2$. Diese Relation zwischen Masse und Energie wurde grundlegend für das moderne physikalische Denken und die Entwicklung der Atomphysik.

88,22 f. *Radierung ... Goethe ... genial frisierten:* »Der sentimental frisierte Goethe im Steppenwolf ist von meinem Zeitgenossen Karl Bauer, der eine Menge solcher Bildnisse für die gute Stube erfunden hat«, schreibt Hesse 1949 an M. Haussmann (zit. nach: Mat. S. 75); Hesse hatte das Porträt »mit dem wohlfrisierten Geheimrat Goethe« auf einer Postkarte am 4. Juni 1926 von Richard Wilhelm erhalten (vgl. Mat. S. 74 f.).

89,20 f. *meine Frau mich verlassen habe und unsre Ehe geschieden sei:* vgl. Anm. zu 75,29.

89,26 *Zeitung der Militaristen- und Kriegshetzepartei:* Wohl ein Blatt, das zum Pressekonzern des deutschnationalen Politikers Alfred Hugenberg (1865–1951) gehörte. Am 13. Juli 1926 schreibt Hesse an Helene Welti: »Jene reaktionäre Hetzpresse in Deutschland ist nämlich nicht irgend eine kleine dumme Nebensache, sondern sie umfaßt [...] dreiviertel dessen, was das ganze deutsche Volk Tag für Tag liest und schluckt, und die Organisation kauft noch immer neue Blätter an. In Deutschland wissen dreiviertel der Bevölkerung heute noch nicht, daß sie den Krieg nicht bloß leichtsinnig angefangen, sondern auch verloren haben.« (Zit. nach: Mat. S. 77.)

89,29 f. *ein übler Kerl und vaterlandsloser Geselle:* In einem anonymen diffamierenden Aufsatz aus dem *Kölner Tageblatt* vom 24. Oktober 1915 heißt es als Reaktion auf Hesses Antikriegs-Essays: »wie ein Ritter von der traurigen Gestalt eines d'Annunzio-Rappaport zieht der Drückeberger Hermann Hesse daher, als vaterlandsloser Gesell, der längst innerlich den Staub der heimischen Erde von seinen Schuhen geschüttelt hat!« (Zit. nach: Volker Michels, Hrsg., *Über Hermann Hesse*, Bd. 1, Frankfurt a. M. 1977, S. 408). Vgl. auch Anm. zu 75,25.

89,32 f. *am Entstehen des Krieges um nichts minder schuldig:* vgl. Anm. zu 128,34.

91,34 *Schizophrene:* vgl. Anm. zu 66,7 und das Gedicht »Schizophren« (1925/26) aus dem Zyklus *Krisis* (S. 77).

92,3 *Mithras:* ursprünglich indo-iranische Lichtgottheit, die als Beschützer von Treue und Wahrheit sowie als Spender von körperlicher und kriegerischer Tüchtigkeit verehrt wurde. Der Mithras-Kult verbreitete sich während der römischen Kaiserzeit bis an die Grenzen des römischen Reiches.

Krishna: (Sanskrit, ›der Schwarze‹) ein mythischer indischer König, die achte irdische Erscheinungsform des Gottes Vishnu. Viele Legenden erzählen von seinen Heldentaten und Liebesabenteuern.

95,3 *Prellstein:* Stein an der Ecke eines Tores oder Hauses zum Schutz gegen das Anstoßen durch Fahrzeuge.

95,11 *Freinacht:* (schweiz.) Nacht ohne Polizeistunde im Wirtshaus.

95,32 *eine Kamelie:* Die Kamelie ist das Zeichen einer Halbweltdame; vgl. den Roman *Die Kameliendame* (1847) von Alexandre Dumas d. J. (1824–95).

96,22 *so ist sie auch seither zu jeder Stunde mit mir gewesen:* Ein ungewöhnlicher Vorgriff, der die sonst strikt lineare Chronologie der Aufzeichnungen Hallers durchbricht und so, schon bevor ihr Name genannt ist, auf die besondere Rolle Hermines im Selbstfindungsprozeß Hallers hinweist.

97,19 *Shimmy:* nach dem ersten Weltkrieg aufgekommener vereinfachter Foxtrott mit Schüttelbewegung der Schulter; von engl. *shimmying the shoulders* ›die Schultern schütteln‹.

97,24 *Walzer . . . Polka:* beliebte, traditionelle deutsche Gesellschaftstänze.

97,30 *Rosa Kreisler:* wohl erfundene Gestalt; die erste scheue Knabenliebe zu diesem Mädchen wird 216–219 ausführlicher geschildert.

97,36 *Onestep:* ein Gesellschaftstanz, der zu Anfang des 20. Jh.s aus Amerika nach Europa kam; im Deutschen er-

Goethe. Radierung von Karl Bauer

hielt er den volkstümlichen Namen »Schieber« und wurde an manchen Orten als unanständig verboten.

104,11 *Skorpion:* Dieses Traumbild drückt Hallers noch bestehende Angst vor der Sexualität aus; er deutet es als »ein schönes, gefährliches Wappentier der Weiblichkeit und der Sünde« (104,32–34).

104,17 *Matthison:* Friedrich von M. (1761–1831), populärer klassizistischer Dichter der Goethezeit.

104,18 *Bürger:* Gottfried August B. (1747–94), bedeutender Lyriker und Balladendichter der Sturm-und-Drang-Periode; in den Liedern an Molly bedichtete Bürger in bekenntnishafter Weise seine Geliebte und spätere zweite Frau.

104,34 *Vulpius:* Anspielung auf Christiane V. (1765–1816), Goethes langjährige Geliebte und spätere Frau.

105,20 f. *»Dämmrung senkte sich von oben«:* Anfangszeile des achten Gedichts aus Goethes Gedichtzyklus »Chinesisch-Deutsche Jahres- und Tageszeiten« (1830).

106,14 f. *Kleist ... Beethoven:* Bei aller Anerkennung ihrer jeweiligen künstlerischen Begabung wahrte Goethe vor allem gegen Heinrich von Kleist (1777–1811), aber auch zu Ludwig van Beethoven (1770–1827) eine gewisse, von seinen ästhetischen Überzeugungen her bestimmte Distanz. Der klassische Goethe vermißte bei beiden die seinen eigenen künstlerischen Bestrebungen zugrundeliegende Bemühung um Ausgeglichenheit und Harmonie; so sah er bei Kleist eine krankhafte Hypochondrie, die diesen »als Mensch und Dichter zugrunde richtet« (an Zelter, 2. September 1812), während ihn bei Beethoven dessen »ungebändigte Persönlichkeit« (an A. Müller, 28. August 1807) befremdete.

106,18 f. *den Augenblick zu verewigen:* Anspielung auf Fausts rastloses Streben, das in Goethes Drama auch Gegenstand der Wette mit Mephistopheles ist: »Werd ich zum Augenblicke sagen: / Verweile doch! du bist so schön! / Dann magst du mich in Fesseln schlagen, / Dann will ich gern zugrunde gehn!« (*Faust I*, V. 1699–1702.)

106,20 *die Natur zu vergeistigen:* Anspielung auf Goethes lebenslange Beschäftigung mit grundlegenden naturwissenschaftlichen und naturphilosophischen Fragen.

106,25 f. *Die Zauberflöte:* Im Winter 1925/26 besuchte Hesse in Zürich mehrfach eine Aufführung von Mozarts Oper *Die Zauberflöte* (1791). In einem Brief an Emmy Ball-Hennings vom 10. Januar 1929 schreibt Hesse: »Die Opern von Mozart sind für mich der Inbegriff von Theater, so wie man als Kind, noch eh man es gesehen hat, sich ein Theater vorstellt: wie der Himmel, mit süßen Klängen, mit Gold und allen Farben. [. . .] Wie oft ich die Zauberflöte und den Figaro gehört habe, kann ich nicht mehr zählen« (zit. nach: Mat. S. 135); vgl. auch das Gedicht »Die Zauberflöte am Sonntagnachmittag« (S. 75 f.) aus dem Zyklus *Krisis* und den Essay »Mozarts Opern« (1932).

107,5 f. *ist arm gewesen und ist früh gestorben, arm, verkannt – –:* Mozart starb 35jährig und wurde ohne Feierlichkeit in einem unbekannten Armengrab beigesetzt: »niemand hat geahnt, als man am 6. Dezember 1791 den schmächtigen und verbrauchten Körper in ein dürftiges Grab senkte, daß hier die sterblichen Reste eines unfaßbar großen Geistes zu Grabe getragen wurden, ein unverdientes Geschenk an die Menschheit, in dem die Natur ein einmaliges, wahrscheinlich unwiederholbares – jedenfalls niemals wiederholtes – Kunstwerk hervorgebracht hat« (Wolfgang Hildesheimer, *Mozart*, Frankfurt a. M. 1977, S. 377).

107,33 f. *Mozarts »Veilchen« . . . Schuberts »Füllest wieder Busch und Tal«:* Mozart vertonte 1789 Goethes Gedicht »Das Veilchen«, und Franz Schubert komponierte um 1815 die Vertonung von Goethes Gedicht »An den Mond«.

108,30 *Goethe lachte laut:* Haller erfährt in diesem Traum erstmals das Lachen der Unsterblichen (vgl. Anm. zu 169,10 f.), dem er später im Magischen Theater auch bei Mozart (223,6 ff.) und in der Szene von »Harrys Hinrichtung« (vgl. 234,34) wiederbegegnen wird.

109,32 *Odeon-Bar:* Das im Jahre 1911 eröffnete »Café

Odeon« am Sonnenquai in Zürich war einst berühmt als Treffpunkt von Schriftstellern und Künstlern.

110,26 *im Alten Franziskaner:* bekanntes Gasthaus in Zürich.

111,13 *den Stephan, den heiligen Franz:* Der von den Aposteln zu einem der ersten Archidiakonen geweihte Stephanus gehört zu den frühesten Märtyrern der jungen christlichen Gemeinde; Franz von Assisi (1182–1226), einer der volkstümlichsten Heiligen, zeichnete sich in seinem eigenen Leben durch Selbstlosigkeit und opferbereite Nächstenliebe aus und gründete den Franziskaner-Orden.

111,32 *aparte:* ausgefallene, ungewöhnliche.

112,13 *Garibaldi:* Giuseppe G. (1807–82), italienischer Freiheitskämpfer und populärer republikanischer Nationalheld.

114,14 *Radioapparat:* Mit den ersten Radiosendungen im Jahr 1923 setzte zugleich eine heftige Diskussion zwischen Kritikern und Befürwortern des neuen Mediums ein. Hallers Kritik an der neuen technischen Errungenschaft richtet sich gegen die für einen Musikliebhaber »vorerst noch grauenhaft unvollkommenen Empfänger und Sender« (114,28 f.) wie gegen die von ihm schon vorausgesehenen Folgen eines Massenmediums, das »den Menschen nur dazu dienen werde, [. . .] sich mit einem immer dichteren Netz von Zerstreuung und nutzlosem Beschäftigtsein zu umgeben« (115,8–11); vgl. auch die Radioszene (230 bis 232).

115,5 *König Salomo:* israelitischer König (um 965–926 v. Chr.), der in der biblischen Überlieferung als Ideal eines weisen und mächtigen Herrschers gilt.

115,6 *Walther von der Vogelweide:* der bedeutendste deutschsprachige Lyriker im Mittelalter (um 1170–1230).

117,13 *Schuhnesteln:* Schuhbänder, Schnürsenkel.

117,25 *Orchideen:* Das Blumengeschenk hat wohl symbolische Bedeutung; Orchideen gelten wie die Kamelie (vgl. Anm. zu 95,32) als Blumen der Kurtisanen (vgl. hierzu Artiss, S. 94).

118,15 *Foxtrott:* amerikanischer Gesellschaftstanz, der um 1917 nach Europa kam.

118,24 *Boston:* langsamer amerikanischer Walzer, der um 1925 populär wurde.
Tango: aus Südamerika stammender, um 1910 in Europa eingeführter Gesellschaftstanz.

118,36 *Freund ... Hermann:* In dieser von Haller erinnerten Nebenfigur, »dem Schwärmer, dem Dichter, dem glühenden Genossen meiner geistigen Übungen und Ausschweifungen« (137) erscheinen ebenfalls erkennbare autobiographische Züge Hesses. – Auch auf dem Maskenball erinnert die als junger Mann kostümierte Hermine Haller zunächst an diesen Jugendgefährten (181).

119,7 *Hermine:* Die feminine Form von Hesses eigenem Vornamen deutet auf die tiefenpsychologische Bedeutung dieser Figur: das magische Theater, so schreibt Hesse in einem Brief an Reinhold Geheeb vom 13. Juni 1927, »beginnt schon mit dem Auftreten Hermines. Hermine ist ja kein Mädchen aus Berlin oder Zürich, sondern ein Seelenbild, ein Stück Magie, mit dessen Hilfe Harry sich im Moment der Verzweiflung noch einmal rettet« (zit. nach: *Hermann Hesse 1877–1977*, S. 228). Als Seelenbild ist Hermine im Sinne der Jungschen Psychologie die »anima«; sie verkörpert den weiblichen Teil seiner Seele, den Haller nie entwickelt hat und dessen er sich erst bewußt werden muß (vgl. 188,31–35). Hermine wird für Haller zur Mittlerfigur zwischen dem Bewußtsein und dem Unbewußten, zur Führergestalt, die ihm den Weg zum Leben selbst und zum Sinn des Lebens weist (vgl. Völker sowie Karstedt, S. 236 bis 249, und Baumann, S. 207–213). – Das reale Vorbild zu dieser Figur ist in manchem Julia Laubi-Honegger, eine Bekannte und Tanzpartnerin Hesses, mit der er im März 1926 den Maskenball im Zürcher Hotel Baur au Lac besuchte.

119,25 *Spiegel:* vgl. Anm. zu 63,26 f.

121,28 *hermaphroditischer Magie:* zwitterhafter Bezauberung. Ein Hermaphrodit (nach dem zum Zwitter verwandelten Sohn der griechischen Götter Hermes und Aphrodite) hat die Merkmale beider Geschlechter; in der Literatur erscheint androgyne Zweieinigkeit häufig als Ausdruck eines verlorengegangenen oder utopischen Glücksideals; so erinnert auch Hermine Haller an »jene Jahre vor der Geschlechtsreife, in denen das jugendliche Liebesvermögen nicht nur beide Geschlechter, sondern alles und jedes umfaßt, Sinnliches und Geistiges« (182,12–15), ein Vermögen, das sich Hermine bewahrt hat; sie unterhält Liebesbeziehungen zu Pablo und Maria.

123,32 *du verlorener Sohn:* Anspielung auf das biblische Gleichnis (vgl. Lk. 15,11–32).

124,33 *Baudelaire:* Charles B. (1821–67), bedeutender französischer Lyriker.

127,4 f. *tanzen lernen:* Auch Hesse lernte erst als beinahe 50jähriger tanzen. In einem Brief an Alice Leuthold berichtet Hesse im Februar 1926 vom Besuch eines Tanzkurses: »Mit den Tänzen ging es nur mäßig vorwärts, meine sechs Tanzstunden sind nun vorbei. Der Boston oder der Blouse (oder wie man ihn schreibt) ist mir noch recht problematisch, ich zweifle da sehr an meiner Fähigkeit, aber den Fox und Onestep glaube ich nun soweit bewältigen zu können, als man es von einem älteren Herrn mit Gicht erwarten darf. Für mich liegt die Bedeutung dieser Tänzerei natürlich vor allem in dem Versuch, mich irgendwo ganz naiv und kindlich dem Leben und Tun der Allerweltsmenschen anzuschließen. Für einen alten Outsider und Sonderling ist das immerhin von Bedeutung.« (Zit. nach: Mat. S. 62.)

127,12 *Grammophon:* Wie Haller hatte sich Hesse ein Grammophon gekauft, das er in einem Brief an Julia Laubi-Honegger vom 19. Juni 1926 erwähnt: »wenn du einmal den Weg ins Tessin findest, können wir doch den Valenzia [vgl. Anm. zu 146,4] und den Yearning [vgl. Anm. zu 146,3] tanzen, denn ich habe mir, [...] einen kleinen Grammophon gekauft. Wenn es mir am Abend gar zu dumm und windig wird, ziehe ich ihn auf und lasse einen Tanz los, und denke allerlei.« (Zit. nach: Mat. S. 76 f.)

128,4–6 *reaktionären Hetzblätter ... Schmähartikel:* vgl. Anm. zu 75,25 f.; 89,26 und 89,29 f.

128,34 *politischen »Schuldfragen«:* Die sogenannte Kriegsschuldfrage wurde nach dem Ersten Weltkrieg vor allem in der national-konservativen Presse immer wieder diskutiert und trug als innenpolitische Kontroverse mit zur Zersetzung der Weimarer Republik bei.

130,15 *Donquichotterie:* ein wohlgemeinter, aber vergeblicher und von vornherein aussichtsloser Akt von Tapferkeit (vgl. Anm. zu 78,6 f.).

132,30 *Hotel Balances:* Ein Hotel mit diesem Namen gab es in Basel.

133,5 *repetierte:* wiederholte, übte.

134,5 *Kokotten:* Halbweltdamen.

135,31 f. *Maskenball in den Globussälen:* Im Februar nahm Hesse an mehreren Maskenbällen in Zürich teil, so auch am Kunsthaus-Maskenfest im Hotel Baur au Lac. Die Bezeichnung Globussäle ist vermutlich von der angeleuchteten und mit Hunderten von kleinen Spiegeln besetzten Kugel abgeleitet, die im großen Tanzsaal des Hotel Baur au Lac von der Decke herabhing und ihre Lichter wie kleine Blitze auf die tanzenden Paare warf (vgl. den Bericht Hermann Hubachers vom Künstlermaskenball, abgedr. in: Mat. S. 65 f.).

135,34 *Pablo:* Ein Vorbild zu dieser Figur ist bislang nicht bekannt; die Gestalt des vitalen Jazzmusikers hatte Hesse aber damals beeindruckt; vgl. das Gedicht »Neid« (S. 74 f.) aus dem Zyklus *Krisis*. Tiefenpsychologisch gesehen fungiert Pablo als eine Figur des Unterbewußtseins (vgl. 189,32–34), als Harrys ›Schatten‹; nach C. G. Jung »steht der Schatten für das ›persönliche Dunkel‹, als die Personifikation der während unseres Lebens nicht zugelassenen, verworfenen, verdrängten Inhalte unserer Psyche, die unter Umständen auch einen positiven Charakter haben können« (Jolande Jacobi, *Die Psychologie von C. G. Jung. Eine Einführung in das Gesamtwerk*, 5., rev. Aufl. Zürich/Stuttgart 1967, S. 172). Pablo trägt Züge von Hermes, dem antiken Götterboten und Führer der Seelen in die Unterwelt, der für C. G. Jung das Unterbewußte personifiziert: er führt Harrys Unterbewußtes ins Licht des Bewußtseins (vgl. Meinicke, S. 42–47; im Gegensatz dazu deutet Baumann, S. 216–219, die Figur als »Symbol des Selbst«).

136,10 *Caballero:* (span.) Ritter, Herr.

136,23 *Kreolenaugen:* Kreolen sind Nachkommen romanisch-europäischer Kolonisten auf den Westindischen Inseln und in Lateinamerika.

139,27 *Maria:* wohl eine erfundene Gestalt, der innerhalb der Figurenkonstellation der Erzählung eine psychologische Funktion zukommt (vgl. Meinicke, S. 40–42, und Baumann, S. 213–215); sie ist ein »Geschenk« (150,33) Hermines und repräsentiert so einen besonderen Aspekt der »anima«: »Da Hermine das Typische und Archetypische vertritt, wird in Maria eher das Persönliche hervortreten, also des Dichters persönliche Beziehung zur Frau. Damit wird der Name bedeutungsvoll, denn Maria hießen die Mutter und die erste Frau Hesses, und die Bilder von beiden steigen bei der ersten Begegnung mit Maria in ihm auf. Es ist auch möglich, daß darin der Name der heiligen Jungfrau mitgehört werden soll, damit die ›Unschuld des Geschlechts‹, damit die Reinheit und Schönheit des Sinnenlebens verstärkt wird« (Schwarz, 1961, S. 195).

143,3 *Taler:* bis ins 19. Jh. gebräuchliche Silbermünzenart; die Bezeichnung ist von der Sankt Joachimsthaler Mine abgeleitet, wo seit 1515 Silber gewonnen wurde.

144,3 *Beau:* (frz. ›schöner Mann‹) meist abwertend: Schönling.

144,20 *Kokain:* ein aus der südamerikanischen Kokapflanze gewonnenes Betäubungsmittel, das als Rauschdroge während der sogenannten »goldenen zwanziger Jahre« besonders in Künstlerkreisen verbreitet war.

145,36 *Matthäuspassion:* Johann Sebastian Bachs (1685 bis

1750) Vertonung der Leidensgeschichte Christi nach dem Matthäus-Evangelium (1729).

146,3 *Yearning:* (engl.) Sehnsucht, Verlangen; hier: ein dem Foxtrott verwandter Modetanz der Zeit (vgl. auch 185,6).

146,4 *Valencia:* Modetanz der Zeit.

146,17 f. *Mozart und den neusten Foxtrott auf eine Stufe zu stellen:* In Hallers Diskussion mit Pablo über den Kunsterlebniswert von klassischer (›ewiger‹) Musik gegenüber populärer Modemusik wird die traditionelle Kunstauffassung wenigstens ansatzweise in Frage gestellt (vgl. auch 153,4–11); Hesse selbst distanzierte sich jedoch in einem Brief an Erich Oppenheim vom 1. Februar 1947 ausdrücklich von einer solchen Gleichsetzung: »Den Gedankengang mit der Ungewißheit darüber, wieweit wir Musikalischen mit unsrem Geschmack recht haben, wieweit Lehar und Mozart vielleicht doch gleichwertig seien, hat, glaube ich, schon der Steppenwolf in Gesprächen mit Pablo abgewandelt. [. . .] Aber diese Gedankengänge, für die ich heut wenig mehr gebe, sind Psychologie, und führen nirgends hin. Wenn Lehar gleich Mozart ist, warum soll dann nicht Hitler gleich Jesus oder Sartre gleich Sokrates sein. Die Welt braucht, das haben wir erlebt, Moral nötiger als Gescheitheit, und Ordnung der Werte nötiger als Psychologie« (zit. nach: Mat. S. 153 f.).

147,35 *Netzgewölbe:* kunstvolle, im gotischen Kirchenbau angewandte Form der Gewölbekonstruktion, bei der die Gewölberippen ein zusammenhängendes Netzmuster bilden.

148,2 *Buxtehude, Pachelbel:* Dietrich B. (1637–1707), Johann P. (1653–1706), Organisten und Komponisten des Barock.

148,3 f. *die herrliche Stimme einer Bachsängerin:* Gemeint ist wohl die Bachinterpretin ungarischer Herkunft Ilona Durigo (1881–1943), mit der Hesse seit 1914 bekannt war.

148,10 *Chor der Kirche:* der das Hauptschiff abschließende Teil einer Kirche.

148,30 *Logos:* (griech.) Wort, Sprache, Rede; schon in der antiken Philosophie Bezeichnung für ›Vernunft, Sinn, Weltgesetz‹.

148,36 *frondiert:* Widerspruch erhoben, opponiert.

149,28 f. *Cécil-Bar:* ein Tanzlokal in Zürich (nach Pfeifer, 1980, S. 191).

151,13 *Lebewelt:* Kreise der gehobenen Gesellschaftsschicht, die sich besonders sinnlichen Genüssen widmen.

152,24 *Hamsun:* Knut H. (1859–1952), bedeutender norwegischer Schriftsteller, dessen Erzählungen und Romane in der ersten Hälfte dieses Jh.s in Deutschland viel gelesen und auch von Hesse sehr geschätzt wurden.

153,3 *Liszt:* Franz L. (1811–86), Komponist und Pianist, der in seinen Klangmalereien zum Vorbereiter des musikalischen Impressionismus wurde.

Wagner: Richard W. (1813–86), der bedeutendste deutsche Opernkomponist des 19. Jh.s. Seine spannungsreiche Harmonik, die charakteristische Instrumentation und die von ihm bis ins letzte verfeinerte Leitmotivtechnik prägte die Musikentwicklung über seine Lebenszeit hinaus.

153,8 *Tristan:* Wagners Oper *Tristan und Isolde* (1859).

153,9 *Neunten Symphonie:* Ludwig van Beethovens großes Orchesterwerk von 1823.

154,13 *Eros:* in der griechischen Mythologie der Gott der Liebe.

156,25 *Tschaikowsky:* Peter T. (1840–93), russischer Komponist, dessen der westeuropäischen Kunstmusik und ihren Formprinzipien verpflichtetes Werk ein oft unvermitteltes Nebeneinander von lyrischem Empfinden, spielerischer Eleganz und grandiosen Tongemälden charakterisiert.

157,6 *Signatur:* vgl. Anm. zu 51,20.

158,8 *Herrenreiter:* eine um 1900 entstandene Lehnübersetzung von engl. *gentleman rider* ›einer, der nicht berufsmäßig oder gegen Bezahlung reitet‹; hier: einer, der seine Überlegenheit und Männlichkeit demonstrativ zur Schau stellt.

158,23 *Opiumpfeife:* Das aus dem Milchsaft des Schlafmohns gewonnene Rauschgift wird vor allem in Asien in besonderen Pfeifen geraucht.

164,19 *Strickstrumpf:* Strickzeug, Strickerei.
Tarockspiel: populäres Kartenspiel für drei Spieler.

164,23 *Don Quichotte:* vgl. Anm. zu 78,6 f.

164,31 *Kurtisane:* veraltet für ›vornehme Dirne, Geliebte von Fürsten und wohlhabenden Männern‹.

166,12 *Pralinés:* mit Schokolade überzogene Süßigkeit (benannt nach dem französischen Marschall du Plessis-Praslin, dessen Koch die Praline erfunden haben soll).

167,34 f. *›die Gemeinschaft der Heiligen‹:* Dieser Begriff aus dem apostolischen Glaubensbekenntnis umschreibt das ganze Wesen der Kirche, d. h. ihre durch Christus in einer übernatürlichen Lebensgemeinschaft auf Erden wie im Jenseits miteinander verbundenen Mitglieder.

168,12 *Christoffer:* Der heilige Christopherus, der Legende nach ein heidnischer Riese, der Christus diente, indem er Menschen über einen gefährlichen Fluß trug; als er einst auch Christus in der Gestalt eines Kindes durch den Strom getragen hatte, wurde er von Christus als Lohn für seinen Dienst an den Menschen getauft.
Philipp von Neri: Filippo Neri (1515–95), katholischer Reformer, der 1575 die Weltpriester-Kongregation der Oratorianer gründete; er gehört zu den sehr volkstümlichen Heiligen (seit 1622).

169,10 f. *das Lachen der Unsterblichen:* In dem Motiv des Lachens der Unsterblichen (vgl. Anm. zu 63,13), eines der Wirklichkeit und der Zeit enthobenen, den Ernst des Daseins überschreitenden Lachens, verbinden sich Elemente der antiken Mythologie, das olympische Gelächter der griechischen Götter, und Gedanken Nietzsches, der in *Jenseits von Gut und Böse* (1886) schrieb, »gesetzt, dass auch Götter philosophiren, wozu mich mancher Schluss schon gedrängt hat –, so zweifle ich nicht, dass sie dabei auch auf eine übermenschliche und neue Weise zu lachen wissen – und auf Unkosten aller ernsten Dinge! Götter sind spottlustig: es scheint, sie können selbst bei heiligen Handlungen das Lachen nicht lassen.« (*Sämtliche Werke*, krit. Studienausg. in 15 Bdn., hrsg. von Giorgio Colli und Mazzino Montinari, Bd. 5, München 1980, S. 236.) – Zu dem Motiv vgl. auch Artiss, S. 97 f.

169,31 f. *Mozarts »Cassations«:* Eine Kassation ist in der Gesellschaftsmusik des 18. Jh.s ein mehrsätziges Instrumentalwerk, verwandt dem Divertimento und der Serenade. Mozart komponierte 1769 Kassationen in G-Dur (KV 63) und B-Dur (KV 99).

169,32 *aus Bachs »Wohltemperiertem Klavier«:* In diesem zweiteiligen Klavierwerk (1722/44) durchmißt J. S. Bach in je 24 Präludien und Fugen die Dur- und Molltonarten zweimal in der temperierten, d. h. gleichschwebenden, jedoch mathematisch nicht reinen Tonstimmung.

169,35 f. *Musik war so etwas wie zu Raum gefrorene Zeit:* Eine solche zeitlich-räumliche Erfahrung eines Konzerts beschreibt Hermann Hesse schon 1913 in seiner frühen Betrachtung »Alte Musik« (vgl. GW X,18–20). Vgl. auch die Szene »Inbegriff der Kunst / Die Verwandlung von Zeit in Raum durch die Musik« im magischen Theater (208,1–3).

170,10–171,7 *Die Unsterblichen:* Dieses Gedicht, das zum Zyklus *Krisis* gehört, hatte Hesse in der Nacht vom 8. zum 9. Februar 1926 niedergeschrieben (vgl. Pfeifer, 1980, S. 191).

170,14 *Henkersmählern:* Bevor ein zum Tode Verurteilter hingerichtet wurde, erlaubte man ihm oft ein letztes, besonderes Mahl.

172,24–27 *verbotene Frucht . . . diesen Garten in seiner Unschuld:* Der Verzehr der verbotenen Frucht bescherte nach der Bibel dem ersten Menschenpaar das moralische Unterscheidungsvermögen zwischen Gut und Böse, er zog aber auch die Vertreibung aus dem Paradiese nach sich (vgl. 1. Mose 2–3); durch Hermine und Maria lernt Haller, die ihm durch seine strenge christliche Erziehung eingeprägten Schuldgefühle gegenüber der Sexualität zu überwinden.

173,10 *ins Bad:* in ein öffentliches Bad.

174,15 *Elsässer Wein:* Wein aus dem Elsaß, einem französischen Weinanbaugebiet auf dem linken Rheinufer zwischen Mühlhausen und Weißenburg.

176,2 *mitten im Alten Testament:* Der Film, den Haller sieht, ist der amerikanische Monumentalfilm *Die zehn Gebote* (1923) von Cecil B. DeMille (1881–1959).

176,8 *Geschichte des Moses und der Israeliten:* d. h. vor allem der im 2. Buch Mose geschilderte Auszug des Volkes Israel aus der ägyptischen Gefangenschaft unter der Führung des von Gott auserwählten Moses.

176,10 *Pharaonenglanz:* Pharao: Titel der altägyptischen Könige, von deren prunkvoller Hofhaltung noch heute in Museen erhaltene Schätze zeugen.

176,12 f. *Walt Whitman:* Porträts zeigen den amerikanischen Dichter Walt Whitman (1819–92) meist mit weißem, buschigem Haar und Bart.

176,14 *Wotansschritten:* Wotan ist der höchste Gott in der nordischen Mythologie; Wotansschritte bezieht sich wohl auf die Art seines Auftretens als Figur in Opern Richard Wagners.

176,28 *Duetts für zwei Bässe von Händel:* aus Georg Friedrich Händels (1685–1759) Oratorium *Israel in Ägypten* (1739).

176,32 *Jehova:* eine um 1100 n. Chr. aufgekommene falsche Lesung des hebräischen Gottesnamens *Jahwe*.

176,33 *die zehn Gebote:* die für den jüdischen wie christlichen Glauben grundlegenden Gesetze, die Gott Moses auf dem Berg Sinai verkündete (2. Mose 20).

176,35 *das Goldene Kalb:* Während Moses auf dem Berg Sinai weilte, wandte sich das Volk Israel von Gott ab und verehrte dieses von Aaron gegossene Kultbild (vgl. 2. Mose 32,1–6).

183,10 *Zauber von Lesbos:* Anspielung auf Hermines homoerotische Ausstrahlungskraft. Auf der griechischen Insel Lesbos lebte die Dichterin Sappho (um 600 v. Chr.) mit ihren Schülerinnen, denen sie in ›lesbischer‹ Liebe verbunden gewesen sein soll.

183,16 *Lotosblüte:* Hesse kannte die vielfältigen, auch erotischen Bedeutungen, die die Lotusblüte im indischen Denken hat (vgl. Artiss, S. 94), und fügt sie hier als exotisches symbolisches Element in die Beschreibung der sinnlich geladenen Maskenballatmosphäre ein.

183,36 f. *Unio mystica:* (lat.) geheimnisvolle Vereinigung; der aus der Mystik stammende Begriff bezeichnet die als Vollendung erfahrene Vereinigung der Seele mit Gott, einem Vorgang, bei dem die Persönlichkeit und das individuelle Bewußtsein aufgehoben ist. Haller benutzt den Begriff hier ohne seine religiöse Bedeutung, um die Aufhebung seines Außenseitergefühls, sein Aufgehen »im Rausch der Gemeinschaft« (184,7) des Maskenballs zum Ausdruck zu bringen. – Auch hierzu gibt es eine direkte autobiographische Parallele; an Anny Bodmer schreibt Hesse Ende Februar / Anfang März 1926: »Die Fastnacht haben wir, Lang und ich, diesmal beide richtig mitgemacht, drei Maskenbälle, von denen einer eine Enttäuschung war, die zwei andern aber herrlich. Ich hatte dies Erlebnis noch nicht gekannt, auch nicht im Weinrausch, daß man sein Ich verliert und in einer Menge einfach untergeht. Diese Lust, dieser Rausch aus Wein, Geselligkeit, Geschlecht, Wärme, Musik war eine schöne Sache, ich bin dankbar dafür« (Br. II, S. 133 f.).

186,16 *Pierrette:* das weibliche Gegenstück zum Pierrot, einer französischen Komödienfigur, die im 17. Jh. in der Pariser Comédie Italienne aus einer Dienerfigur der Commedia dell'arte entwickelt wurde, im 18. Jh. eine zentrale Rolle im französischen Pantomimentheater spielt; er tritt meist in weitem, weißem Kostüm und mit weißer Maske auf.

187,29 *Primgeiger:* der erste Geiger in einem Streichquartett oder einer Kammermusikgruppe.

188,16 f. *ankurbelnder Automobile:* Vor der Einführung des elektrischen Anlassers (um 1920) wurden Automo-

Maskenball. Aquarell von Hermann Hesse aus dem Jahr 1926

bilmotoren allgemein mit einer Handkurbel angeworfen.

191,1 f. *ich kann Ihnen keinen andern Bildersaal öffnen als den Ihrer Seele:* Das »magische Theater«, das Haller nun betritt, ist eine künstlerisch umgesetzte Darstellung der Begegnung mit dem eigenen Unbewußten, »eine Projektion der halb- und unbewußten Schichten von Hallers Innenleben [. . .]. Das erzählerische Prinzip des ›magischen Theaters‹ leitet sich von der Bilderfolge der Laterna magica her. Die Zauberlaterne ist diesmal die Seele selber, die die Bilder an die weiße Wand des Bewußtseins wirft. Der Guckkastenmann aber ist Pablo, der bestimmt, welche Bilder heraufbeschworen werden. Es sind ›Kurzfilme‹, zwischen denen keine logische Verbindung besteht. Die Schilder innerhalb des Textes entsprechen dabei den Druckschriftankündigungen des Themas im Kino. Doch bildet jede der Szenen eine selbstgenügsame, kleine erzählerische Ganzheit« (Böttger, S. 334).

191,10 *»Spiegelein, Spiegelein in der Hand«:* Analogiebildung zu den Versen im Grimmschen Märchen »Sneewittchen«: »Spieglein, Spieglein an der Wand, wer ist die schönste im ganzen Land?«

194,12 *Gluck:* Christoph Willibald G. (1714–87), bedeutender Opernkomponist, der durch seine Bemühungen, die Oper vom barocken Zierwerk zu befreien und sie auf ein dramatisches Hauptmotiv zu konzentrieren, dem Schaffen Mozarts den Weg bereitete.

194,11 *Plato:* griechischer Philosoph (427–347 v. Chr.), der mit seiner Ideenlehre und Staatsphilosophie prägend für das europäische Denken wurde.

194,23 *ein Spiegelein in der Hand ist besser als zwei an der Wand:* Analogiebildung zu dem Sprichwort »Ein Spatz in der Hand ist besser als eine Taube auf dem Dach«.

195,2 f. *Riesenspiegel war voll von lauter Harrys oder Harry-Stücken:* Zur tiefenpsychologischen Bedeutung des Spiegel-Motivs vgl. Anm. zu 63,26 f.

196,3 *Hochjagd auf Automobile:* vgl. zur anschließenden Szene auch Hesses Gedicht »Maschinenschlacht« (S. 80 f.).

197,25 *mein Schulkamerad Gustav:* Vorbild zu dieser Figur ist wohl, wie schon zur Titelgestalt des *Demian* (1919), Hesses Maulbronner Schulkamerad Gustav Zeller (1877 bis 1932); zu ihm vgl.: Ninon Hesse, Bd. 1, S. 129 f., 172.

198,15 *Luther:* Martin L. (1483–1546) forderte während des Bauernkriegs in seiner Schrift *Wider die räuberischen und mörderischen Rotten der Bauern* (1525) die deutschen Fürsten auf, die Rebellion der Bauern niederzuschlagen.

200,13 *Tat twam asi:* (Sanskrit) Das bist du; diese mystische Sentenz, mit der der geistliche Lehrer den Schüler zur höchsten Erkenntnis erweckt, stammt aus einem der heiligen Texte des Hinduismus, der Chândogya-Upanishad (VI,9–14), und besagt, daß das unsterbliche Wesen der gesamten Wirklichkeit mit dem des Einzelwesens identisch ist.

204,15 f. *englisches Pflaster:* vgl. Anm. zu 86,33.

205,16 *Bolschewiken:* (russ., ›Mehrheitler‹) Der Name bezeichnete zunächst die Mehrheitsgruppe der Anhänger Lenins auf dem 2. Parteitag der russischen Sozialdemokraten, dann allgemein die Mitglieder der kommunistischen Partei der Sowjetunion.

207,9 *Mutabor:* (lat., ›ich werde verwandelt werden‹) Dies ist das Zauberwort in Wilhelm Hauffs (1802–27) Märchen »Die Geschichte vom Kalif Storch« (aus dem Märchenzyklus »Die Karawane« von 1826): »Wer von dem Pulver in dieser Dose schnupft und dazu spricht: *mutabor*, der kann sich in jedes Tier verwandeln und versteht auch die Sprache der Tiere. Will er wieder in seine menschliche Gestalt zurückkehren, so neige er sich dreimal gen Osten, und spreche jenes Wort; aber hüte dich, wenn du verwandelt bist, daß du nicht lachest, sonst verschwindet das Zauberwort gänzlich aus deinem Gedächtnis, und du bleibst ein Tier.« (*Sämtliche Märchen*, hrsg. von Hans-Heino Ewers, Stuttgart 1986, S. 18.)

207,11 *Kamasutram:* altindisches Lehrbuch der Liebeskunst

von Watsjajna (etwa 4.–6. Jh. n. Chr.); in diesem kulturhistorisch bedeutenden Werk wird das Thema in sieben Kapiteln auf eine systematische, trockene Weise abgehandelt.

207,19 *O daß ich tausend Zungen hätte!:* Anfangszeile des evangelischen Kirchenlieds von Johann Mentzer (1658 bis 1734); durch den Untertitel wird der Zeile eine offenbar erotische Bedeutung unterlegt.

207,21 *Untergang des Abendlandes:* Titel des Hauptwerks des Kulturphilosophen Oswald Spengler (1880–1936), das 1918–1922 erschien. Hesse las das Buch im Frühsommer 1923 und empfahl es in einem offenen Brief an die *Neue Zürcher Zeitung* (vgl. Br. II, S. 75 f.) Hesse fand in Spenglers Buch sein Geschichtsdenken in vielem bestätigt (vgl. Br. II, S. 63).

208,1–3 *Inbegriff der Kunst . . . durch die Musik:* vgl. Anm. zu 169,35 f.

211,5 *des Prinzen Wunderhorn:* Die Wortkombination verbindet den Titel der Volksliedersammlung von Achim von Arnim und Clemens Brentano *Des Knaben Wunderhorn* (1806/08) mit dem Namen des Psychiaters Hans Prinzhorn (1886–1933), der 1922 ein Buch zur *Bildnerei der Geisteskranken* veröffentlichte.

211,12 *Popanz:* Schreckgespenst.

214,7 f. *»O Freunde, nicht diese Töne!«:* Diese Worte führen im Schlußsatz von Beethovens »Neunter Symphonie« (vgl. Anm. zu 153,9) den Text zu Friedrich Schillers Ode »An die Freude« ein; sie sind auch der Titel eines Zeitungsaufsatzes von Hesse, in dem er im November 1914 seine Haltung gegen den gerade entbrannten Krieg öffentlich bekannte und es als die Aufgabe des Schriftstellers bezeichnete, sich dem Kriegsnationalismus zu verweigern und im Geist der Internationalität der Kunst »ein Stück Frieden zu erhalten, Brücken zu schlagen, Wege zu suchen, aber nicht mit dreinzuhauen (mit der Feder!) und die Fundamente für die Zukunft Europas noch mehr zu erschüttern.« (GW X, S. 415.)

215,22 f. *Felshügel über meiner kleinen Heimatstadt:* Lage

und Umgebung der Stadt entsprechen der von Hesses schwäbischer Geburtsstadt Calw.

222,36 *»Don Juan«:* Mozarts Oper *Don Giovanni* (1787). Der steinerne Gast ist das Grabdenkmal des Komturs, der die Ehre seiner Tochter verteidigend von Don Juan im Duell getötet worden war; die von Don Juan höhnisch zum Abendessen eingeladene Statue erscheint und fordert den Verführer zur Buße auf, der jedoch reuelos bleibt und daraufhin in Blitz und Feuer zur Hölle fährt.

223,21 *Leporello:* der Diener Don Giovannis in Mozarts gleichnamiger Oper.

223,28 *Wolf:* Hugo W. (1860–1903), österreichischer Komponist und Musikkritiker, der in seinen Liedkompositionen Wagner folgend Poesie und Musik zu verschmelzen suchte.

223,29 *Chopin:* Frédéric Ch. (1810–49), polnischer Komponist und Pianist, dessen Klangpoetik im Melodisch-Harmonischen (Modulatorik, Chromatik) den musikalischen Impressionismus vorbereitete.

223,30 *Maestro:* (ital.) Meister; ehrende Bezeichnung für einen Komponisten oder Dirigenten.

224,15 *Brahms:* Johannes B. (1833–97), neben Wagner der bedeutendste deutsche Komponist der zweiten Hälfte des 19. Jh.s, dessen Schaffen den Höhepunkt der klassizistischen Hochromantik bildet.

224,23 *Richard Wagner:* vgl. Anm. zu 153,3.

225,6 f. *daß Adam den Apfel gefressen hat:* Anspielung auf den ersten Sündenfall, als Adam den ihm von Eva gereichten Apfel vom verbotenen Baum der Erkenntnis aß (vgl. 1. Mose 3,6; vgl. auch Anm. zu 172,24–27).

225,32–226,7 *He, mein Junge . . . zusammengestohlen:* Diese gereimten Verse ahmen den burlesken Stil in Mozarts Briefen an seine Base Maria Anna Thekla Mozart, den sogenannten »Bäsle-Briefen«, nach. Haller hat Hermine Briefe Mozarts vorgelesen (166,24).

225,33 *Äser:* Pluralbildung zu *Aas*; abwertend für ›gemeine, niederträchtige Menschen‹.

227,8 *Stahlhelm:* vgl. Anm. zu 31,34.

227,9 *Krishna:* vgl. Anm. zu 92,3.

Erika: vgl. Anm. zu 24,17 f.

228,6 *stieß ich mein Messer hinein:* Die Tötung vollzieht sich nicht in der Form, wie sie Hermine voraussagte und zu der sie Haller ihren letzten Befehl geben wollte (122,19 f.). Welche Bedeutung diese eingebildete Tötung für Haller hat, ist in der Forschung umstritten. Während Boulby den Mord als ein Indiz für Hallers Versagen deutet, als einen Akt gewöhnlicher Eifersucht und »eine katastrophale Rückkehr zu seinem bürgerlichen Selbst, einen Ausbruch von Abscheu vor der Sexualität« (Boulby, S. 200; vgl. auch Baumann, S. 242 f.), erkennt Mileck in der Tat einen positiven Akt im Prozeß von Hallers Selbstfindung: »Hermines Schein-Ermordung und Verschwinden ist Hallers Aufnahme seines nach außen projizierten Dämons. Sein besseres Ich, vorübergehend ein Führer außerhalb seines Ichs, ist wieder zum maßgeblichen inneren Führer geworden. Eine geistige Vereinigung findet statt, die seltsame spirituelle Hochzeit im physischen Tod, die Haller ahnt, als er sich der letzten der vielen faszinierenden Türen des Magischen Theaters nähert. [. . .] Hermines Schein-Ermordung ist deshalb sowohl auf der tatsächlichen als auch auf der symbolischen Ebene ein positiver Akt« (Mileck, 1987, S.211).

228,27 f. *Ließen alle mich allein?:* Eine ähnliche Szene einer Meditation über der Leiche der ermordeten Geliebten beschreibt das Gedicht »Mit diesen Händen« aus dem Zyklus *Krisis* (vgl. S. 79).

229,27 *Wir dagegen haben uns gefunden:* Beginn des zweiten Abschnitts des Gedichts »Die Unsterblichen« (170,27).

230,20 *Concerto grosso in F-dur von Händel:* Das zweite der zwölf Concerti Grossi für Streicher und Continuo, die Händel 1740 als Opus 6 herausgab.

230,22 *Blechtrichter:* Frühe Radioapparate hatten zunächst noch keine eingebauten Lautsprecher; man hörte die Sendungen entweder über Kopfhörer oder separate Lautsprecher mit tubaartigen Schallröhren.

231,9 *Ritardando:* (ital.) langsam zu spielender Teil eines Musikstücks.
234,8 *Gehröcken:* Der Gehrock war eine zweireihig geknöpfte, knielange Herrenjacke.
235,22 *Berserker:* hier: Blindwütiger. In der altnordischen Mythologie ein Mann von außergewöhnlicher Kraft, der in Raserei, der sogenannten Berserkerwut, ohne Waffen kämpft.
236,19 *Alexander dem Großen:* A. III. (356–323 v. Chr.), makedonischer König, der sein Herrschaftsgebiet zeitweilig bis nach Indien ausdehnte.

II. Zur Entstehung

Als eine erste Annäherung an das *Steppenwolf*-Thema kann man den kurzen Prosatext »Aus dem Tagebuch eines Entgleisten« ansehen, der zuerst 1922 im *Simplizissimus* erschien (im folgenden zit. nach: Mat. S. 199–203). Hesse selbst bezeichnete diesen Text, der im Frühjahr 1922 noch vor dem Abschluß von *Siddhartha* (1922) entstanden war, jedoch erst bei Gelegenheit eines Neudrucks im Jahre 1950 als »Vorstudie zum *Steppenwolf*« (vgl. Mileck I, S. 364).
In diesem Fragment reflektiert ein alternder Künstler seine prekäre Lebenssituation. In ihm, dem seine bisherigen Lebensziele und sein Werk fragwürdig geworden sind, streiten sich der Drang des Schaffenden »nach Zusammenhang und Fortdauer« mit dem neuerwachten Wunsch, »ein Eintagsleben zu leben, ohne Herkunft, ohne Zukunft«. Einst ein schüchterner und erfolgloser Liebhaber findet er sich nun an der Schwelle zum Alter – für ihn nicht recht erklärlich – von Frauen umworben. Doch »mitten in diesem etwas überfüllten und hastigen Liebesleben« wird ihm bewußt, daß auch dies wieder nur eine Phase seines Lebens ist, die er – wie frühere erreichte und wieder verlorene Wunschziele (Familie, Ruhm, Geld) – schon bald hinter sich lassen wird, um erneut »brennend weiter ins Unbekannte und Namenlose« zu fliehen. Das Wissen um den nahenden körperlichen Verfall erfüllt ihn mit einer wachsenden Resignation, die sich – mit Spott nur etwas maskiert – bis zum Lebensüberdruß steigert: »Ich sah einige Augenblicke lang mein Ich, meine derzeitige Inkarnation, ein verbrauchtes Instrument, das mir nicht lange mehr dienen wird, und ich rief mir zu: ›Mach Schluß mit dir, Männeken, du gehörst zum alten Eisen!‹«
Die Anfänge der Konzeption der Erzählung und erste Entwürfe, die sich aber nicht erhalten haben, reichen bis in das Jahr 1924 zurück, wie ein Brief aus diesem Jahr nahelegt: »Sollte ich das Buch, das ich noch im Kopf habe, trotzdem einmal schreiben, so wäre der Titel ›Nur für Verrückte‹ oder

›Anarchistische Abendunterhaltung‹« (zit. nach: H. Mayer, 1977, S. 523).
Die Erzählung nahm offenbar nur langsam Gestalt an. In einem Brief vom 8. August 1925 an Georg Reinhart umreißt HESSE erstmals den in seiner Persönlichkeit gespaltenen Protagonisten, doch auch jetzt scheint er sich der Konzeption des Werks noch nicht ganz sicher zu sein:

»Ob das sehr phantastische Buch vom Steppenwolf, das ich plane, noch geschrieben werden wird, weiß ich nicht, es ist die Geschichte eines Menschen, welcher komischerweise darunter leidet, daß er zur Hälfte ein Mensch, zur andern Hälfte ein Wolf ist. Die eine Hälfte will fressen, saufen, morden und dergleichen einfache Dinge, die andre will denken, Mozart hören und so weiter, dadurch entstehen Störungen, und es geht dem Manne nicht gut, bis er entdeckt, daß es zwei Auswege aus seiner Lage gibt, entweder sich aufzuhängen oder aber sich zum Humor zu bekehren.«

Zit. nach: Michels, Volker (Hrsg.): Materialien zu Hermann Hesses »Der Steppenwolf«. Frankfurt a. M.: Suhrkamp, 1972. [Zit. als: Mat.] S. 49. –

Den Durchbruch zur Ausgestaltung der Figur und des Themas bringen die folgenden Monate. Im Winter 1925/26, den Hesse in Zürich verbringt, entstehen »etwa 40 oder mehr Gedichte, daneben Stücke eines Prosabuchs«, wie Hesse am 14. Oktober 1926 an Heinrich Wiegand schreibt (Br. II, S. 154). In den damals entstandenen Gedichten gibt Hesse ein poetisches Selbstbildnis, in dem er seine Krise des ›Mannes von fünfzig Jahren‹ in kaum verstellter Weise und schonungslos gegen sich wie seine Umwelt zum Ausdruck bringt: seine Verachtung bürgerlicher Moral und Normalität, seine alkoholischen Exzesse und nächtlichen Eskapaden in Nachtklubs und auf Maskenbällen. Die meisten dieser Gedichte werden in den Zyklus *Krisis* aufgenommen, dessen Manuskript Hesse im Juni 1926 an seinen Verleger Samuel Fischer schickt.

Eine Auswahl daraus erscheint noch im gleichen Jahre im Novemberheft der *Neuen Rundschau* unter dem Titel »Der Steppenwolf. Ein Stück Tagebuch in Versen«; der Zyklus selbst wird jedoch erst 1928, nach dem Erscheinen der Erzählung, und auf Wunsch Hesses nur in einer kleinen einmaligen Auflage veröffentlicht. HESSE erläutert diesen Wunsch in einem Brief vom 8. Mai 1928 an Heinrich Wiegand:

»Ich wollte, daß diese Gedichte gedruckt seien, d. h. daß sie für immer niedergelegt wären, darum ließ ich sie drucken, statt bloß einige Abschriften zu verschicken. Ich wollte aber nicht, daß unter dem Volk, dessen Kritik über mich lediglich aus Schulmeisterei und krassem Unverständnis besteht, diese Gedichte etwa zu einem Sensations- und Modebuch würden, wie es ja der ›Steppenwolf‹ nahezu geworden ist. Dazu sind diese Gedichte zu wenig objektiv, dazu sind sie zu sehr Bekenntnis und momentane Notiz.«

Hermann Hesse: Gesammelte Briefe. In Zsarb. mit Heiner Hesse hrsg. von Ursula und Volker Michels. 4 Bde. Frankfurt a. M.: Suhrkamp, 1973–86. [Zit. als: Br.] Bd. 2. S. 194. – © 1973 Suhrkamp Verlag, Frankfurt am Main.

Die Gedichte haben mit der Erzählung nicht nur gemeinsam, daß sich das lyrische Ich bzw. der Protagonist als »Steppenwolf« bezeichnet; auch eine Reihe von Motiven und Szenen sind hier schon vorgeprägt (vgl. Kap. III).
Die intensive Arbeit am Prosabuch beginnt nicht vor Hesses Rückkehr Ende Mai 1926 nach Montagnola, einem kleinen Ort im Tessin, wo er seit 1919 lebte. Eigenen Worten zufolge war es eine Arbeit, die ihn sehr forderte, aber nur noch wenig Schaffensfreude bereitete. So schreibt er am 25. September 1926 an Helene Welti:

»Zwar habe ich auch literarische Pläne, eine große Arbeit, die schwierigste und undankbarste, die ich mir je aufgeladen habe, unendlich komplizierter und neuer als etwa der ›Demian‹ war, aber diese Arbeit, an der ich seit zwei Jahren in langen Pausen herumknorze, freut mich nicht, ich habe am Dichten, obwohl es mir noch immer notwendig ist, schon seit Jahren keine Freude mehr und muß mich zu jedem Satz mit Mühe zwingen.«

Br. II. S. 150 f.

Wie die meisten größeren Werke Hesses, wird auch die *Steppenwolf*-Erzählung in einer relativ kurzen Zeit niedergeschrieben. Schon im Herbst 1926 werden zwei wichtige Passagen des Prosa-*Steppenwolfs* zum Vorabdruck angeboten, von denen aber nur der »Traum von einer Audienz bei Goethe« mit dem Hinweis »Aus einem unvollendeten Roman« in der *Frankfurter Zeitung* (Nr. 680 vom 12. September 1926) veröffentlicht wird; die Zeitschrift *Querschnitt* dagegen lehnt das ihr von Hesse am 1. September 1926 angebotene »Gespräch mit Mozart« als Vorabdruck ab (vgl. Mileck I, S. 377). Zu dieser Zeit oder doch nur wenig später wird man den Beginn der erhaltenen ersten durchgehenden Niederschrift der Erzählung anzusetzen haben, deren wesentliche Teile wohl schon vor Hesses Lesereise nach Deutschland zwischen Mitte November und Mitte Dezember 1926 ausgearbeitet waren, die er aber erst um Weihnachten abschloß. Am 22. Dezember 1926 schreibt HESSE an seine Schwiegermutter Lisa Wenger:

»Vorerst nimmt mich der Abschluß meines neuen Buches, dessen erste Niederschrift nahezu fertig ist, ganz in Anspruch. Ich begann mit diesem sehr gewagten und phantastischen Buch, in dem etwas ganz Neues probiert wird, vor reichlich zwei Jahren, in Basel, und bin jetzt so weit, daß das Buch im Wesentlichen unter Dach ist und im Notfall auch so gedruckt werden könnte, wie es jetzt ist, doch werde ich es nochmals vollkommen durcharbeiten und neu schreiben, dazu brauche ich wohl nahezu den Rest dieses Winters. Dies Buch dreht sich um dasselbe Problem wie meine neuen Gedichte, zieht den Kreis aber viel weiter.«

Br. II. S. 159.

In einem Brief an Otto Hartmann vom 16. Dezember 1926 deutete HESSE damals auch an, welche ganz persönliche Bedeutung für die Bewältigung seiner eigenen psychischen Konflikte das Schreiben des *Steppenwolfs* hatte:

»Jetzt sitze ich wieder vor meiner Arbeit, einer sehr unerfreulichen Arbeit, denn seit bald drei Jahren fand ich aus meiner menschlichen und geistigen Vereinsamung und Erkrankung keinen andern Ausweg, als indem ich diesen Zustand selber zum Gegenstand meiner Darstellung machte, was hoffentlich mit der Zeit wieder ein Ende nimmt und freundlicheren Bildern Raum gibt.«

Zit. nach: Mat. S. 102.

Das Manuskript dieser »ersten Niederschrift« wird heute im Hesse-Nachlaß im Deutschen Literaturarchiv (Marbach a. N.) aufbewahrt und gewährt einen aufschlußreichen Einblick in die letzte Phase der Genese der Erzählung. Dabei zeigt sich, daß Hesse für wesentliche Teile des Textes – das »Vorwort des Herausgebers« und den »Tractat vom Steppenwolf« – die endgültige Form noch immer nicht gefunden hatte. Für diese Niederschrift benutzte Hesse rautiertes Schreibpapier, das in vierseitige Bogen im Format 135 mm x 215 mm gefaltet war. Den 42 durchnumerierten Bögen sind jedoch eine Reihe von Extrablättern eingelegt. Bei ihnen handelt es sich oft um Briefe, Kalenderblätter, Fahnenabzüge, diverse Anzeigen und sogar um eine seiner Aquarellzeichnungen, deren freie Rückseiten er beschrieben hatte. Markierungszeichen erlauben in der Regel eine eindeutige Plazierung dieser Einfügungen. Die wenigen Durchstreichungen weisen dabei darauf hin, daß die Niederschrift Notizen folgte und schon vorliegende Manuskriptteile verarbeitete; gelegentlich findet sich auch ein Hinweis wie »Manuskript einfügen«, wenn Hesse eine Passage offenbar nicht mehr abschreiben wollte.

In diesem Manuskript erscheint die Erzählung noch als zweiteilig konzipiert. Anders als in der Druckfassung ist hier

nämlich der Beginn von Hallers Erziehungsprozeß, das mit der Wiederbegegnung mit Hermine einsetzende Geschehen (115 ff.), im Text durch einen deutlichen Neuansatz markiert. Von größerer Bedeutung für die Genese der Struktur ist freilich das Faktum, daß das »Vorwort des Herausgebers« noch fehlt und auch der *Tractat vom Steppenwolf*, der nach Hesse den kompositorischen Mittelpunkt der Erzählung ausmacht (vgl. S. 82), erst im Verlauf dieser Niederschrift seine vorliegende Gestalt gewann.
Der Text, der in der Druckfassung den *Tractat* ausmacht, ist in der Handschrift aus mehreren Teilen zusammengefügt, die offensichtlich zu verschiedenen Zeiten entstanden sind. Ein Teil des Textes liegt in einem Faltblatt, auf das HESSE notierte:

»Diese Geschichte seiner selbst liest er im Abendvergnügen u. lernt daraus den Witz mit dem Rasiermesser am 50. Geb. Diese Schrift wird im Buch durch einen eingehefteten farbigen Umschlag mit eigener Paginierung hervorgehoben, evtl auch durch einen eigenen anderen Schriftgrad.«

Zit. nach: Hermann Hesse 1877–1977. Stationen seines Lebens, des Werkes und seiner Wirkung. [Ausstellungskatalog.] München 1977. S. 226. – Mit Genehmigung des Suhrkamp Verlages, Frankfurt am Main.

Dieses Faltblatt enthält auf fünf separat numerierten Bögen nur den ersten Teil des *Tractats* (46,24–56,36) und einige später gestrichene Passagen. Der Text zeigt hier noch den ursprünglichen Titel »Märchen vom Steppenwolf«, der aber schon durch Streichung und Hinzufügung in »Der Steppenwolf« abgeändert ist. Dies entspricht dem zu der Stelle, wo die Broschüre eingefügt werden sollte, angegebenen Titel in der Niederschrift: »Der Steppenwolf. Eine Studie«. Die Bezeichnung »Tractat« erscheint erst im Schlußteil der Niederschrift.
Insgesamt lassen sich drei Stufen der Entstehung des *Tractats* erkennen, die aber wohl zeitlich nicht sehr weit auseinanderliegen. Bei der »Märchen«-Fassung scheint Hesse auch noch

nicht daran gedacht zu haben, den Text gleichsam als selbständige Schrift mit eigenem Umschlag und eigener Paginierung in die Erzählung einzufügen. Denn Haller gibt hier nur einen Teil seiner Lektüre wieder und läßt, wie er in einem Erzählereinschub (in der späteren Druckfassung nach S. 51,19) mitteilt, »eine lange Abhandlung über das Horoskop des St[eppen]wolfes« weg: »Ich überschlug [...] dies Kapitel u. fing im raschen Durchblättern aus all den Quadraturen, Konjunktionen u. Oppositionen nur wenige Sätze flüchtig auf, in welchen der Steppenwolf vor seiner Neigung gewarnt wird, sich an die feuchten u. trüben Tierkreiszeichen zu verlieren, an Wassermann und Fisch. Dann las ich weiter.«

Nach der Schilderung des Einfalls, sich an seinem fünfzigsten Geburtstag den Selbstmord zu erlauben, schloß sich in dieser Fassung ursprünglich ein längerer, dann jedoch weggelassener Abschnitt an, in dem »Einige Begebenheiten aus dem Leben des St[eppen]W[olfs]« erzählt werden sollten; dieser Bericht bricht aber in der Handschrift schon nach knapp drei Seiten unabgeschlossen ab. Diese Anekdoten hatten offenbar die Funktion, die Ursprünge und Ausprägung von Hallers Persönlichkeit in seiner frühesten Jugend aufzuspüren.

Zur »Märchen«-Fassung gehörte auch schon der in der Druckfassung auf Seite 63,30 beginnende Abschnitt; dieser Text beginnt in der Handschrift auf einem einzelnen Bogen und wird auf der ersten Seite als »Schluß des ›Märchens‹ vom St[eppen]wolf« bezeichnet. Wie diese Fassung schließen sollte, läßt sich nicht mehr feststellen.

Die zweite Stufe der Genese des *Tractats* bilden drei Bögen, die mit den Großbuchstaben A, B und C bezeichnet sind. Auf den ersten Bogen hat Hesse mit Bleistift notiert: »am Schluß des Traktats ›Steppenwolf‹ bringen!« Die Anweisung benutzt schon die Bezeichnung »Traktat«, nimmt sie aber noch nicht als Teil des Titels. Diese Bogen enthalten eine Niederschrift des Textes, der dem der Seiten 57,1–63,28 der Druckfassung entspricht und in dem das ›eigentümliche Verhältnis‹ des Steppenwolfs zum Bürgertum erläutert wird; damit sollte

der *Tractat* zunächst schließen. Denn der Schluß der Broschüre wird auf dem Bogen C sowohl mit einem Tintenstrich wie mit einem wieder zu den Aufzeichnungen Hallers überleitenden Satz »Hier endete die Schrift ...« markiert.
Der jetzige Schluß des »Tractats« (S. 66,26–73,33; es fehlt noch der letzte Abschnitt 73,34–74,4) ist auf zehn unnumerierten Blättern, zum größten Teil den Rückseiten von Druckfahnen, anfangs mit Bleistift, dann in Tinte niedergeschrieben und ist in der Entstehung dieses Textes wohl der jüngste Teil.
So ergibt sich folgende Genese der Teile des *Tractats vom Steppenwolf*:

Stufe:	Druckfassung:	Beschreibung:
I	46,24–56,36	fünf numerierte Bogen; später gestrichene Abschnitte: Bemerkung zur Auslassung von Hallers Horoskop (im 3. Bogen) und Anekdoten aus Hallers Kindheit (im 5. Bogen)
II	57,1–63,28	drei mit A, B und C gekennzeichnete Bogen
I	63,30–66,25	einzelner, unmarkierter Bogen betitelt: »Schluß des ›Märchens‹ vom St. wolf:«
III	66,26–73,33	unnumerierte Einzelblätter (meist Rückseiten von Fahnen zunächst mit Bleistift, dann wieder wie sonst mit Tinte beschrieben)

Die auffallendste Lücke in der ersten Niederschrift der Erzählung aber ist das Fehlen des »Vorworts des Herausgebers«. Dieses erscheint erst im Typoskript (vgl. die Abb. bei Zeller, 1977, S. 126), das Hesse Ende Dezember bis Mitte Januar schreibt. Hesse korrespondierte darüber noch im März 1927 mit OSKAR LOERKE (1884–1941), der damals Lektor im S. Fischer Verlag war und die Bedeutung des »Vorworts« für die Struktur der Erzählung erkannte. In einem Brief vom 7. März 1927 rät er dem noch unsicheren Autor, es beizubehalten:

»Außerordentlich finde ich, wie an allen Wegbiegungen die Zeit in Harrys Seele mündet und wie er sich mit dem Ganzen auseinandersetzen muß, während er sich mit sich selbst auseinandersetzt. Dem dienen sehr die vielfach geänderten Perspektiven. Das ›Vorwort des Herausgebers‹ muß darum meiner Ansicht nach durchaus in dem Buche bleiben.«

Zit. nach: Mat. S. 264.

HESSE bedankt sich am 9. März 1927:

»Sie haben mir so freundlich und klug über den ›Steppenwolf‹ geschrieben, dafür sage ich Ihnen schönen Dank, und ich bin froh über Ihr Urteil wegen des Vorwortes, das ich nun also stehen lasse [. . .].«

Zit. nach: Mat. S. 255.

Auch eine Bemerkung HUGO BALLS (1886–1927), der damals gerade an seiner Hesse-Biographie schrieb und dazu in engem Arbeitskontakt mit Hesse stand, scheint sich auf die erst spät gefundene Herausgeberfiktion zu beziehen. Er schreibt am 16. Februar 1927 an Hesse:

»Dolce Maestro – ich gratuliere zur Steppenwolf-Lösung und freue mich, daß das Buch schon bald da sein wird. Kein Mensch wird natürlich bemerken, daß das unter anderem auch der Wolf ist, der die vielen Stepps hat tanzen müssen [. . .].«

Zit. nach: Mat. S. 254 f.

Dem Manuskript der ersten Niederschrift liegt ein Einzelbogen von vier Seiten bei, den Joseph Mileck als die ursprüngliche Einleitung zur Erzählung ansieht (vgl. Mileck I, S. 190;

eine Abb. der ersten Seite des Manuskripts findet sich ebd. II, S. 1049), wozu ihn wohl eine Zuweisung (freilich von fremder Hand) zur *Steppenwolf*-Handschrift wie der Inhalt des als Ganzes noch unveröffentlichten Textes veranlaßte.

Der erste Satz – »Ehe ich meine Erlebnisse erzähle, muß ich versuchen einen Begriff von der Lebenssituation zu geben, in der sie mir begegneten.« – charakterisiert den Text dieses Bogens als Einleitung zu einem zweiten, längeren Text. Das Erzähler-Ich ist wie Hesse/Haller der Sohn frommer protestantischer Eltern. Er hatte bis vor kurzem ein geistiges Leben geführt und Erfolg als Literat gehabt. Vor dem Krieg hatte er geheiratet, ein Haus gebaut, Kinder bekommen und ein nach außen hin gutbürgerliches Leben geführt, doch schon in jenen Jahren litt er an Depressionen. Bei Kriegsausbruch gibt er sich als Kriegsgegner zu erkennen und wird dafür heftig angegriffen und beschimpft; ein Kriegsamt, das er freiwillig übernommen hatte, wurde ihm zunehmend eine psychische Belastung. Als er sich nach dem Krieg von Familie und Freunden verlassen findet, zieht er sich in soziale Isolation zurück. Seither führt er ein Leben auf der Flucht und denkt oft daran, seinem Leben ein Ende zu setzen. »Es gelang jedoch nicht, ich habe mich nochmals festgebissen u. in das Leben verliebt. Davon will ich erzählen.«

Der sich hier vorstellende Erzähler steht in deutlicher Nähe zu Haller, obgleich sich der Text weder explizit auf ihn oder den »Steppenwolf« bezieht. Ob dieser Text als Einleitung für die Erzählung oder, was ebenso denkbar wäre, zu den Aufzeichnungen Hallers gedacht war, oder vielleicht nur irrtümlich in die Mappe mit der *Steppenwolf*-Handschrift geriet, läßt sich vom Manuskript her nicht mehr eindeutig entscheiden. Man wird jedoch davon ausgehen können, daß dieser Text mindestens zum Umkreis des *Steppenwolf*-Komplexes gehört.

Nachdem Hesse um Weihnachten 1926 die erste Niederschrift des *Steppenwolf* abgeschlossen hatte, machte er sich umgehend an die Reinschrift für den Verleger; dieses Typoskript beendete Hesse am 11. Januar 1927 und schickte es umgehend an den Verlag. Die intensive Arbeit der vergangenen Wochen am Abschluß der Erzählung hatte HESSE an den Rand seiner physischen und psychischen Kräfte gebracht. Am 31. Dezember 1926 schreibt er an Emmy Ball-Hennings:

»Ich mache meinen ›Steppenwolf‹ fertig, die Abschrift für den Verleger, das hält mich für den Augenblick zusammen, und wenn ich damit fertig bin, hoffe ich die Courage zu finden und mir den Hals durchzuschneiden, denn das Leben ist mir unerträglich, und das äußert sich auch in beständigem körperlichem Wehgefühl.«

Br. II. S. 159 f.

Am 21. Januar 1927 schreibt HESSE an seine Schwester Adele:

»Inzwischen habe ich, wochenlang, Tag für Tag wie verrückt an der Arbeit, den Prosa-Steppenwolf fertig gemacht und bin nun nachträglich ziemlich zusammengefallen, spüre plötzlich die Überarbeitung, Schlaflosigkeit etc. und bin zugleich betrübt, denn nun habe ich die Freude des Schaffens, die vorübergehend meinem Leben eine Art von Sinn und Freude gibt, wieder einmal hinter mir und sitze im Leeren [. . .].

Br. II. S. 162.

Trotz der Skepsis gegenüber dem Wert seines eigenen Schaffens, die er gerade während der vergangenen Jahre immer wieder zum Ausdruck brachte, kann er seine Befriedigung über das Erreichte nicht völlig unterdrücken, besonders wenn er sich von einem Leser wie Heinrich Wiegand wirklich verstanden fühlt, dem HESSE am 20. Februar 1927 schreibt:

»Ihr Brief hat mich herzlich gefreut, umsomehr als bei mir die bekannte erste Eitelkeit und Freude am fertigen Buch schon vorüber ist – das geht mit den Jahren immer schneller: ein paar Jahre Herumprobieren und Spielen, mit langen grauen Pausen, dann ein paar Monate aufregender intensiver Arbeit beim Fertigmachen, mühevoll aber doch schön, und dann eine Woche oder zwei Freude über das Produkt, und dann ist es schon wieder vorbei, und ich sehe, wie klein der Umfang, wie gering der Tiefgang, und wie zweifelhaft der Stil ist. Nun, dennoch freut es mich oft sehr, wenn gute Leser spüren, was ich meine und möchte.«

Zit. nach: Mat. S. 107.

Hesse hatte zeitweilig daran gedacht, die *Steppenwolf*-Gedichte zusammen mit der Erzählung in einem Band zu veröffentlichen. Diese Idee wurde aber, wohl auf Einspruch des Verlegers, wieder fallengelassen. Samuel Fischer, der sich mit Hesse am 8. Februar 1927 getroffen hatte, wollte den *Steppenwolf* »baldmöglichst als Buch bringen« (Mat. S. 107), befürchtete aber zugleich, daß das Buch Anstoß erregen und eventuell sogar gerichtlich belangt werden könnte. HESSE schreibt am 9. Februar 1927 an seine Schwester Adele:

»Gestern sagte mir Fischer, der ihn [den *Steppenwolf*] noch auf der Reise zu Ende gelesen hatte, seine Meinung darüber. Ich habe ihn seit 25 Jahren nie so erschüttert, begeistert und auch beunruhigt von einem neuen Buch sprechen hören. Das Buch wird Aufsehen machen, aber nicht nur schönes, sondern die Feinde auch von der politischen Seite her, werden sich ebenfalls rühren, vielleicht sogar der Staatsanwalt.«

Zit. nach: Mat. S. 106.

Es mag daher sein, daß Fischer die Brisanz des Buches nicht durch die Aufnahme der »allzu anti-bürgerlich und unmoralisch« (Br. II, S. 147) erscheinenden Gedichte verschärfen wollte und auf eine separate spätere Publikation drängte.
Mit dem Druck des Buches wurde noch im Februar 1927 begonnen, das dann Ende Mai zusammen mit Hugo Balls Biographie ausgeliefert wurde – wenige Wochen vor Hesses 50. Geburtstag am 2. Juli, zu dem im gesamten deutschsprachigen Bereich Zeitungen, Zeitschriften und der Rundfunk zahlreiche Würdigungen brachten.

III. Texte aus dem Umkreis

Die in dem Band *Krisis. Ein Stück Tagebuch* (1928) vereinigten Gedichte, die bereits während des Winters 1925/26 entstanden waren, stehen als eigenständige Gestaltung des *Steppenwolf*-Themas neben der Erzählung. Im »Nachwort an meine Freunde« zu diesem in nur 1000 Exemplaren aufgelegten und so fast unter Ausschluß der Öffentlichkeit publizierten Gedichtband betont HESSE den persönlichen Charakter dieser Gedichte und ihre Notwendigkeit für sein Schaffen:

»Es ist in ihnen nicht bloß von dem nochmaligen Aufflackern der Lebenstriebe im Alternden die Rede, sondern mehr noch von einer jener Etappen des Lebens, wo der Geist seiner selbst müde wird, sich selbst entthront und der Natur, dem Chaos, dem Animalischen das Feld räumt. In meinem Leben haben stets Perioden einer hochgespannten Sublimierung, einer auf Vergeistigung zielenden Askese abgewechselt mit Zeiten der Hingabe an das naiv Sinnliche, ans Kindliche, Törichte, auch ans Verrückte und Gefährliche. Jeder Mensch hat dies in sich. Ein großer Teil, ja der allergrößte Teil dieser dunkleren, vielleicht tieferen Lebenshälfte ist in meinen früheren Dichtungen unbewußt verschwiegen oder beschönigt worden. Der Grund zu diesem Verschweigen lag, wie ich glaube, nicht in einer naiven Verdrängung des Sinnlichen, sondern in einem Gefühl der Minderwertigkeit auf diesem Gebiete. Ich verstand mich auf das Geistige im weitesten Sinne besser als auf das Sinnliche; im Denken oder Schreiben konnte ich mit einer Auswahl hochstehender Zeitgenossen den Wettlauf aufnehmen, im Shimmy-Tanzen und den Künsten des Lebemannes dagegen war ich ein Barbar, obwohl ich wußte, daß auch diese Künste wertvoll sind und zur Kultur gehören.

Mit zunehmenden Jahren nun, da das Schreiben hübscher Dinge an sich mir keine Freude mehr macht und nur eine gewisse spät erwachte, leidenschaftliche Liebe zur Selbsterkenntnis und Aufrichtigkeit mich noch zum Schreiben treibt, mußte auch diese bisher unterschlagene Lebenshälfte ins Licht des Bewußtseins und der Darstellung gerückt werden. Es fiel mir nicht leicht, denn es ist angenehmer und schmeichelhafter, der Welt seine edle, vergeistigte Seite zu zeigen als die andere, auf deren Kosten die Vergeistigung stattgefunden hat. Viele meiner Freunde haben mir denn auch aufs deutlichste gesagt, daß meine neueren Unternehmungen, im Leben wie im Dichten, unverantwortliche Entgleisungen seien und daß der Autor des ›Siddhartha‹ sich selbst eine würdige Haltung schuldig sei. Ich denke nun hierüber anders, vielmehr es handelt sich hier nicht um Meinungen und Gesinnungen, sondern für mich um Notwendigkeiten. Man kann nicht das Ideal der Aufrichtigkeit haben und immer nur die hübsche und bedeutende Seite seines Wesens zeigen. Die andere ist auch da, und ich gestehe, daß meine Aufrichtigkeit hier noch bedeutende Löcher hat, daß ich in diesem Büchlein eine Anzahl von Gedichten weggelassen habe, weil ihre Mitteilung meinem Selbstgefühl allzu weh getan hätte.«

Zit. nach: Mat. S. 161 f.

Von den fünfundvierzig in diesem Band vereinigten Gedichten hat Hesse nur eine knappe Auswahl in den zu seinen Lebzeiten erschienenen Gedichtbänden aufgenommen. Die komplette Folge, zusätzlich ergänzt durch einige von Hesse damals noch unterdrückte Gedichte aus dem Nachlaß, wurde erst 1972 von Volker Michels wieder zugänglich gemacht (vgl. Mat. S. 161–198); die folgende Auswahl stellt Gedichte Hesses aus den Jahren 1925 und 1926 zusammen, die Themen und Motive zum Inhalt haben, die dann auch in der Erzählung gestaltet werden:

Der Mann von fünfzig Jahren

Von der Wiege bis zur Bahre
Sind es fünfzig Jahre,
Dann beginnt der Tod.
Man vertrottelt, man versauert,
Man verwahrlost, man verbauert
Und zum Teufel gehn die Haare.
Auch die Zähne gehen flöten,
Und statt daß wir mit Entzücken
Junge Mädchen an uns drücken,
Lesen wir ein Buch von Goethen.

Aber einmal noch vor'm Ende
Will ich so ein Kind mir fangen,
Augen hell und Locken kraus,
Nehm's behutsam in die Hände,
Küsse Mund und Brust und Wangen,
Zieh ihm Rock und Höslein aus.
Nachher dann in Gottes Namen
Soll der Tod mich holen. Amen.

Zit. nach: Mat. S. 197 f.

Mißglückter Abend

Sie hatten mich zu Abend eingeladen,
Aber mit mir war heute nichts los,
Kater und Kopfweh waren groß,
Und immer diese Schmerzen in den Waden,
Sie können nichts Gutes bedeuten.
Und dann hingen bei diesen Leuten
Solche dumme Bilder an der Wand,
Ein Goethe und mancher andre Kunstgegenstand,
Schließlich spielte auch noch jemand Klavier
Mit kräftiger, doch ahnungsloser Hand,
Und kurz, ich hielt es plötzlich nicht mehr aus
In dem leider so achtbaren Haus.

Ich sagte der Hausfrau irgendeine Schnödigkeit,
Unartig bin ich gleich nach Tische weggelaufen,
Sie sagten, es täte ihnen leid,
Aber man sah schon, es war gelogen.
Traurig bin ich davongezogen,
Um irgendwo ein kleines Mädchen zu kaufen,
Das nicht Klavier spielt und sich nicht für Kunst
intressiert.
Doch fand ich keines und begann wieder zu saufen,
Obwohl ich eben erst damit renommiert,
Ich würde es mir gründlich abgewöhnen.
Sagt, seid ihr alle so scheußlich allein,
Oder muß nur ich auf der schönen
Welt so einsam und wütend und traurig sein?
Ihr Menschen, warum ladet ihr einander ein?
Warum hängt ihr solchen Kram an eure Wände?
Warum macht ihr diesem Hundeleben,
Das doch niemand Freude machen kann,
Nicht ein rasches, aber edles Ende,
Sondern spielet Klavier und sprecht über Thomas
Mann?
Ich kann es nicht verstehen,
Soviel Cognac ist nicht gesund,
Man kommt dabei auf den Hund.
Aber ist es nicht edler, unterzugehen?

Zit. nach: Mat. S. 165 f.

Nach dem Abend im Hirschen

Wir schliefen alle, leicht betrunken, in der Bar,
An deinem weißen Hals lag meine Wange,
Zart roch dein Pelz und voll dein schwarzes Haar,
Vor deiner Jugend ward mir plötzlich bange.
Was will ich hier, in diesem schönen Arm,
An dieser Brust, auf diesen jungen Knieen,
Ich alter Mann, dem nie ein Glück gediehen?
Du bist für mich zu jung, zu schön, zu warm.

Was will ich hier an diesen Marmortischen,
Wo Sherry fließt und Würfelbecher stehn?
Ich will zum Wassermann und zu den Fischen
Und heim in das gewohnte Elend gehn.
Verschwinde, Clown, aus dieser heitern Runde,
Wo Leichtsinn blüht und junge Schönheit lacht,
Nimm deinen Hut, längst schlug es Mitternacht,
Lauf heimwärts, alter Narr, und geh zugrunde!
Da stand ich auf und ging, sie merkten's nicht,
Und draußen im Kanal schwamm Sternenlicht,
Ich war so müd, und meine Hände brannten.
Vor meinem Hause saß ein fremder Hund,
Der roch an mir und floh den Unbekannten;
Ich stieg die Treppe, jeder Schuh wog hundert Pfund,
Im Spiegel starrten rote Augenlider
Und graues Haar, das welkt und geht zugrund.
Ach biss' und fräße mich der fremde Hund!
Es geht bergab, die Jugend kommt nicht wieder.

Zit. nach: Mat. S. 167.

Neid

Wenn ich doch Banjo könnte spielen
Und Saxophon in einer Jazzband blasen,
Vortänzer sein in einem Nachtlokal,
Mit meiner Kunst in alle Herzen zielen,
Froh mich ergehn in Späßen und Ekstasen,
Der Ladenmädchen Held und Ideal!
Vergnügt in mein geschweiftes Blasrohr blies' ich
Und sänge zwischenein in hellem Jubel,
Grell und begeistert in den heißen Saal
Die wunderlichen Tonraketen stieß' ich,
Peitschte im Takt empor den trunknen Trubel
Und opferte mit Tanz dem Gotte Baal.

Dann wär ich hier nicht Fremdling mehr und Gast,
Wär einer von den Priestern der Astarte,

Heimat wär mir der tönende Palast,
Aus dem ich mich so oft bekümmert stahl,
Vor dem ich oft so lang beklommen warte.
Zu spät! Vorbei! Ich werde nie erreichen
Die Strahlenden, die Götter dieser Erde,
Einsam bin ich und schwach. Ich weiß, ich werde
Nie diesen Glücklichen und Künstlern gleichen,
Ein Fremdling muß ich sein und scheuer Gast,
Muß mich mit Zuschaun, Draußenstehn bescheiden,
Muß Tänzer, Banjo, Saxophon beneiden,
Muß traurig in die frohen Feste sehen
Und meiner Verse Leierkasten drehen,
Den andern lächerlich, mir selbst verhaßt.

Zit. nach: Mat. S. 171 f.

Die Zauberflöte am Sonntagnachmittag

Heut hab ich einen Fehler gemacht.
Ich folgte einem naiven Verlangen
Und bin in die Zauberflöte gegangen.
Da saß ich in des Theaters Nacht,
Hörte ergriffen die allzu geliebten Töne,
Tränen liefen mir glühend über die Wangen,
Zauberhaft grüßte mich die unsterbliche Schöne,
Die mir einst Heimat war und mir nun Fremde ward.

O wie sangen die seligen Engelknaben!
O wie wehte das Lied von Taminos Flöte so zart!
Alle Schauer der Kunst, die je mich beseligt haben,
Rannen noch einmal durch mein erschrocknes Herz,
Brandeten auf und wurden zu rasendem Schmerz.

Rings um mich in der Wolke von Stank und Programmgeknister
Saßen zufrieden die frohen Sonntagsphilister,
Lobten das Stück und wandelten heimatwärts.
Ich aber, der ich nicht Heimat noch Frieden kenne,
Der ich immer nur Dornen zu pflücken gewußt,

Irre flackernd umher in der Nacht und renne
Alle Speere der Sehnsucht mir tief in die Brust,
Laufe davon, um mich möglichst rasch zu erschießen,
Werde aber, geborener Dilettant,
Später, wenn ich mich heiß und müde gerannt,
Irgendwo landen, wo Rotwein und Cognac fließen.

Zit. nach: Mat. S. 175 f.

Reaktion auf einen Zeitungsangriff

Ein Hund hat mich ins Bein gebissen,
Einer von jener flinken Rasse,
Die ich mit besonderer Liebe hasse,
Er hat mir die Hosen und den guten Ruf zerrissen,
Dieser tüchtige Journalist,
Vor Wut und Eifer war sein Kopf ganz rot,
Natürlich ist er ein Kriegshetzer und Nationalist.
Er wünscht mir einen baldigen Tod,
Ein Wunsch, den ich von Herzen erwidere.
Sein Artikel hat mich vieles gelehrt,
Nur die Gabe des Wortes ist ihm nicht beschert,
Mit einer armen Hundesprache behilft sich der Biedere,
Man sollte ihm etwas Wortschatz und Syntax leihen.
Aber dieser flinke Hund und Zeitungsknecht
Hat in der Hauptsache leider dennoch recht:
Er wünscht mir den Tod und ahnt wohl nicht,
Wie sehr dies meinen eigenen Wünschen entspricht.
Möge es dem Kerl in die Suppe schneien!
Möge er noch hundert Jahre leben müssen,
Verdammt, seine Artikel auswendig zu lernen!
Ich aber bin gerne erbötig, nach all den Genüssen
Dieses Lebens mich anderswohin zu entfernen.

Zit. nach: Mat. S. 180 f.

Schizophren.

Das Lied ist aus,
Wollen Sie also ~~[illegible]~~ gefälligst wenden,
Entgürten Sie Ihre Lenden
Und fühlen Sie sich hier bitte wie zu Haus!
Legen Sie ab Ihre werte Persönlichkeit
Und wählen Sie sich als Abendkleid
Eine beliebige Inkarnation,
Den Don Juan oder den verlorenen Sohn
Oder die grosse Hure von Babylon,
Es geschieht nur zur besseren Belügung,
Die Garderobe steht ganz zu Ihrer Verfügung.
Haben Sie vielleicht meine Eltern gekannt?
Sie zählten zu den Stillen im Land,
Doch waren auch sie von der Erbsünde gehetzt,
Sonst hätten sie mich nicht in die Welt gesetzt.
~~Was mich betrifft, so bin ich Zimmergesell~~,
~~Psychisch belastet und leicht homosexuell~~,
~~Leider aber nicht~~ mehr potent
Oder ~~was der Volksmund so nennt;~~
Indess spielt dies hier eigentlich keine Rolle,
Zur Fortpflanzung bediene ich mich der Knolle,
Es ist das höchste Glück auf Erden
Und kann auch elektrisch betrieben werden.
So werden Sie wohl freundlichst gestatten,
Dass wir beide uns höflich begatten,
Wie es sich ziemt zwischen Vater und Sohn.
Vielleicht bedienen Sie inzwischen das Grammophon,
Während ich im Ständeratssaale
Die amtlichen Begattungssteuern bezahle.

oo

Typoskript des Gedichts »Schizophren« aus dem Zyklus »Krisis«

Ahnungen

Manchmal tut mir leid, daß ich dies Leben
Eines Steppenwolfes allzu spät begonnen.
Hätt ich jünger schon mich ihm ergeben,
Wär es eine Quelle vieler Wonnen.
Manchmal ahn ich hinter all dem Wust,
Hinter Hüllen, die noch fallen müssen,
Einer grenzenlosen Freiheit Lust,
Einer kühlen Zukunft fernes Grüßen:
Sehe lachend mich die Wand durchstoßen,
Die mich noch vom Sternenraume trennt,
Und hinübertreten zu den großen
Sündern, deren Tat kein Wort mehr nennt,
Sehe mich vom Volk ans Kreuz geschlagen,
Dorngekrönt aus frommer Masse ragen,
Sehe Sonn und Sterne näher kommen,
Fühle mich ins Weltall hingenommen.

Aber diese kühlen Sternenräume,
Diese Schauer der Unendlichkeit
Sind ja leider nur geliebte Träume!
Niemals hab ich wahrhaft mich befreit,
Niemals hab ich dieser bangen Gassen
Bürgervolk im vollen Ernst verlassen,
Habe nur genascht vom Göttertrank!
Darum lieg ich oft so tief im Staube,
Knie ratlos und von Leid zerrissen,
Sitze auf der Armesünderbank,
Höre angsterfüllt auf mein Gewissen,
Dessen Stimme ich doch nicht mehr glaube.

Zit. nach: Mat. S. 189 f.

Mit diesen Händen

Alles läßt mich im Stich,
Jetzt ist auch meine Geliebte kaputt.
Es war so schauerlich,
Sie hieß Erika Maria Ruth.
Lang lauschte ich an ihren offenen Lippen,
Da kam kein Hauch und kein Ton!
Und kein Atem und Herzschlag unter den Rippen,
Es war alles aus und entflohn.
Nun gibt es keinen Streit und keine Liebe mehr,
O ich verlorener Sohn,
Auch diese Blume hab ich gebrochen;
Alles ist leer,
Ich wollt, ich wär tot, ich wollt, ich wär
Das Messer, mit dem ich sie totgestochen.
Das Blut am Boden war schwarz geronnen,
Lang blieb ich darin stehn;
Doch von all den erloschenen Sonnen
War kein Abendrot mehr, kein Schimmer zu sehn.
Ich habe sie vom Himmel gerissen
Und mit meinen Händen zu Scherben geschmissen,
So mußte es enden,
Mit diesen bleichen blutigen Händen. . .

Zit. nach: Mat. S. 194 f.

Am Ende

Plötzlich ist verzuckt das Flackerlicht,
Das mich lockte durch so viele Lüste,
In den starren Fingern schreit die Gicht,
Plötzlich steh ich wieder in der Wüste,
Steppenwolf, und speie auf die Scherben
Der verglühten Feste ohne Glück,
Packe meinen Koffer, fahr zurück
In die Steppe, denn es gilt zu sterben.
Lebe wohl, vergnügte Bilderwelt,

Maskenbälle, allzu süße Frauen;
Hinterm Vorhang, der nun klirrend fällt,
Weiß ich warten das gewohnte Grauen.
Langsam geh dem Feinde ich entgegen,
Eng und enger schnürt mich ein die Not.
Das erschrockne Herz mit harten Schlägen
Wartet, wartet, wartet auf den Tod.

Zit. nach: Mat. S. 195.

Die Maschinenschlacht

Auf der Straße und in allen Fabriken
Hinter den neidischen trostlosen Mauern
Schnurren dumm und tückisch die vielen Maschinen,
Singen das Fabrikantenlied vom Geldverdienen.
Es wird nicht lange dauern,
Dann werden die Autos noch böser aus ihren Grellaugen blicken,
Noch lauter und wüster aus ihren Hupen brüllen,
Die Luft noch dichter mit Staub und Dampf
Und unsre Herzen noch dichter mit Haß erfüllen,
Und dann geht es los, dann endlich beginnt der Kampf!

Wütend greifen uns an die Maschinen,
Drücken uns brüllend an die zementenen Wände,
Rennen uns um, überfahren uns Köpfe und Hände,
Sind stark wie der Teufel, doch wehe ihnen!
Sie bestehen ganz und gar aus Verstand,
Das macht dumm und flach, es fehlt diesem Vieh
Ganz an Torheit und Liebe, an Traum, Musik, Phantasie!
Gleich ihren Schöpfern und Herren kommen sie
Viel zu happig und schnell und witzlos dahergerannt,
Und das wird ihr Verderben.

Bald haben wir Menschen die Oberhand,
Und die ganze verfluchte Mechanik muß sterben.
Maschinen, Rechenschieber und Fabrikanten,

Wir schlagen sie alle in Fetzen und Scherben,
In ihren eigenen Rädern krepieren die klugen Erfinder,
Werden zertrampelt vom sterbenden Elefanten.

Singend bleiben übrig wir Menschenkinder,
Pflanzen Bäume über den öden Ruinen,
Tanzen noch lang auf dem Grab der dummen Maschinen.

Hermann Hesse: Die Gedichte. 1892–1962. Hrsg. von Volker Michels. Bd. 2. Frankfurt a. M.: Suhrkamp, 1977. S. 502.

Schon mit einer gewissen selbstironischen Distanz greift Hesse wenige Monate nach Erscheinen des Buchs das *Steppenwolf*-Thema nochmals in einer kurzen satirischen Erzählung auf, in der er seine Enttäuschung über die Aufnahme des Buches bei Kritik und Publikum zum Ausdruck bringt. Der Steppenwolf erscheint hier als vielbestauntes, gefährliches Tier einer Menagerie, den eine Gouvernante, eine Leserin und Verehrerin Harrys, mit ihren beiden Zöglingen besucht. Bei dem Versuch, sich dem Steppenwolf vertrauensvoll zu nähern, wird die Gouvernante von diesem gebissen und verlangt daraufhin dessen Tötung (vgl. Mat. S. 209–215).

IV. Selbstdeutungen Hesses

Hesse war von den kritischen, dabei im Ganzen jedoch eher positiven Reaktionen auf den *Steppenwolf* enttäuscht. Er sah die Erzählung nur »mit freundlichem Mißverständnis« gewürdigt: »weder für den Inhalt noch für die dichterische Form, die beide nicht alltäglich sind, ist eine Spur von Verständnis da« (Mat. S. 122). Im Hinblick auf die Form, die ihm gerade bei diesem Werk sehr viel Mühe bereitet hatte (vgl. Mat. S. 145), wies HESSE immer wieder darauf hin, daß der Struktur der Erzählung klassische musikalische Kompositionsprinzipien zugrunde liegen (vgl. S. 122–124). Sie sei »wie eine Sonate oder Fuge proportional gebaut«, schreibt er an Felix Braun am 8. Juli 1927 (zit. nach: Mat. S. 121) und ähnlich in einem Brief vom 13. November 1930:

»Rein künstlerisch ist der ›Steppenwolf‹ mindestens so gut wie ›Goldmund‹ [der 1930 erschienene Roman *Narziß und Goldmund*], er ist um das Intermezzo des Traktats herum so streng und straff gebaut wie eine Sonate und greift sein Thema reinlich an.«

Zit. nach: Mat. S. 143.

In einem Brief vom Oktober 1932 schreibt HESSE:

»Der ›Steppenwolf‹ ist so streng gebaut wie ein Kanon oder eine Fuge, und ist bis zu dem Grade Form geworden, der mir eben möglich ist. Er spielt und tanzt sogar. Aber die Heiterkeit, aus der er es tut, hat ihre Kraftquellen in einem Grad von Kälte und Verzweiflung, die Sie nicht kennen. Es gibt keine Form ohne Glauben, und es gibt keinen Glauben ohne vorherige Verzweiflung, ohne vorheriges (und auch nachheriges) Wissen um das Chaos.«

Zit. nach: Mat. S. 148.

Der Masse der Rezensenten hielt HESSE ideologische Engstirnigkeit vor, die das Anliegen seiner Dichtung verfehle. Er benutzte die Widersprüchlichkeit ihrer Urteile, um sie in einem kurzen Absatz seiner Sammelbesprechung »Über allerlei neue Bücher« (1928) in eine ironische Eigenempfehlung seines Buchs umzumünzen:

»Allerlei Lesenswertes steht eigentlich auch in meinem ›Steppenwolf‹, einem Roman, der mit mehr Bewußtsein und mehr Kunst gebaut ist, als seine Kritiker ahnen. Da jedoch die bürgerliche Presse dieses Buch als böse und unanständig, die sozialistische es als hoffnungslos individualistisch (sie nennen das ›bürgerlich‹!) ablehnt, scheint es in der Tat nicht empfehlenswert zu sein.«

Zit. nach: Mat. S. 126.

Einzelnen Lesern und Kritikern gegenüber wird Hesse nicht müde, seinen Roman in Schutz zu nehmen und in Briefen auf Themen und inhaltliche Aspekte hinzuweisen, auf die es ihm ankam, die aber in seinen Augen unverstanden blieben oder immer wieder ignoriert wurden. So wehrte er sich dagegen, daß man die Geschichte Hallers als Ausdruck der besonderen Empfindlichkeit eines hochsensiblen Intellektuellen und seines Leidens an der Zeit und damit als bloßen Ausdruck einer privaten Krise des Protagonisten (und des Autors) las und weniger als grundlegende Kritik der Zeit und der Kulturlosigkeit der bürgerlichen Nachkriegsgesellschaft der 20er Jahre. HESSE schreibt an Erhard Bruder im Oktober 1928:

»Und so ist die Verzweiflung Harrys keineswegs nur die an sich selbst, sondern die an der Zeit. Die Wurstigkeit, mit der der Krieg erlebt und sofort wieder vergessen wurde, ist das stärkste Symptom. Das Sichverantwortlichfühlen für die Welt und für sein Volk konnte ein religiöser Deutscher anno 14 bis 19 nicht in sich tragen, ohne daß er an seinem Volk und seiner Zeit verzweifelt ist.«

Br. II. S. 198 f.

Im Juli 1930 etwa schreibt HESSE an Walter Lochmüller:

»Im Steppenwolf dagegen haben sich fast alle Leser redlich um Mozart und die Unsterblichkeit gedrückt, und nichts gelesen als die Verzweiflung Hallers, die einen ja nichts angeht, weil man für die nicht mitverantwortlich ist.«

Zit. nach: Mat. S. 138 f.

In einem Brief vom 13. November 1930 schreibt HESSE, der *Steppenwolf* erinnere

»an den Krieg (der übermorgen wieder da sein wird) und an Jazzmusik und Kino und Euer ganzes heutiges Leben, dessen Hölle aufzuzeigen Ihr dem Dichter nicht erlauben wollt. Natürlich wissen das die Leser nicht, sie lesen ehrlich und folgen dem Gesetz des geringsten Widerstandes, es zieht sie dahin, wo es weniger weh tut. [. . .] beim ›Steppenwolf‹ muß er [der Leser] seine eigene Zeit, seine eigenen Probleme sehen, muß sich vor sich selbst schämen, und das will er nicht. Kunst ist ja nicht da, um weh zu tun, meint er. Und denkt nicht daran, daß er auch Bachs Musik nur darum ertragen, ja ›genießen‹ kann, weil Bachs Glaube und seine Probleme ihn nicht mehr viel angehen.«

Zit. nach: Mat. S. 143.

Als das gravierendste Mißverständnis, dem er seinen Roman ausgesetzt sah, empfand Hesse, daß die Leser den »Weg zum wahren Menschen, den Weg zu den Unsterblichen«, den Haller wenigstens als möglichen Ausweg aus seiner Krise und als verpflichtenden Glauben erkennen lernt, um in der von ihm verachteten bürgerlichen Welt leben zu können, nicht wirklich zu verstehen oder gar zu teilen vermochten. Dieser Glaube an die Unsterblichen war für Hesse aber der eigentliche Kern des *Steppenwolfs*, wie er in vielen Briefen betont. Im November 1927 schreibt HESSE an Felix Braun:

»Der Schluß des Steppenwolfs ist wie der Schluß jedes Menschenwerks, die Tür ins Unendliche. Sie steht im Steppenwolf, und zwar gerade im Schluß, weit offen. Eben darum ist ja die Presse und Leserschaft von diesem Schluß entsetzt. Er verlangt, daß wir über die Schwelle treten und Götter werden.«

Zit. nach: Mat. S. 123.

Am 4. Mai 1931 schreibt HESSE in einem Brief:

»Wenn ich nun auf junge Leser zum Beispiel des ›Steppenwolfs‹ treffe, so finde ich sehr oft, daß sie alles in diesem Buch, was über den Irrsinn unsrer Zeit gesagt ist, sehr ernst nehmen, daß sie aber das, was mir tausendmal wichtiger ist, gar nicht sehen, jedenfalls nicht daran glauben. Es ist aber damit nichts getan, daß man Krieg, Technik, Geldrausch, Nationalismus etc. als minderwertig ankreidet. Man muß an Stelle der Zeitgötzen einen Glauben setzen können. Das habe ich stets getan, im ›Steppenwolf‹ sind es Mozart und die Unsterblichen und das magische Theater, im ›Demian‹ und im ›Siddhartha‹ sind dieselben Werte mit anderen Namen genannt. Mit dem Glauben an das, was Siddhartha die Liebe nennt, und mit Harrys Glauben an die Unsterblichen kann man leben, dessen bin ich sicher. Man kann mit ihm nicht nur das Leben ertragen, sondern auch die Zeit überwinden. [. . .]
Vor kurzem fragte mich eine junge Frau, wie ich denn das mit dem magischen Theater im ›Steppenwolf‹ gemeint habe, es habe sie schwer enttäuscht, daß ich mich da in einer Art Opiumrausch über mich selbst und alles lustig mache. Ich sagte ihr, sie möchte jene Seiten noch einmal lesen, und zwar mit dem Wissen, daß nichts, was ich je gesagt habe, mir so wichtig und heilig war wie dies magische Theater, daß es Bild und Hülle sei für das, was mir zutiefst wertvoll und wichtig ist. Sie schrieb mir etwas später, jetzt habe sie begriffen.«

Hermann Hesse: Briefe. Erw. Ausg. Frankfurt a. M.: Suhrkamp, 1964. S. 53 f. –

An P. A. Riebe schreibt Hesse 1931 oder 1932:

»Der Inhalt und das Ziel des ›Steppenwolf‹ sind nicht Zeitkritik und persönliche Nervositäten sondern Mozart und die Unsterblichen. [...] Aufgabe des Steppenwolf war: Unter Wahrung einiger für mich ›ewiger‹ Glaubenssätze die Ungeistigkeit unserer Zeittendenzen und ihre zerstörende Wirkung auch auf den höherstehenden Geist und Charakter zu zeigen. Ich verzichtete auf Maskeraden und gab mich selbst preis, um den Schauplatz des Buches wirklich ganz und schonungslos echt geben zu können, die Seele eines weit über Durchschnitt Begabten und Gebildeten, der an der Zeit schwer leidet, der aber an überzeitliche Werte glaubt. Der deutsche Leser hat sich über das Leiden Harrys amüsiert und ihm auf die Schulter geklopft, das war der ganze Erfolg der Anstrengung.«

Zit. nach: Mat. S. 147 f.

Ende Januar 1933 schreibt Hesse an Horst Schwarze:

»Nehmen Sie aus dem ›Steppenwolf‹ das mit, was nicht nur Zeitkritik und Zeitproblematik ist: den Glauben an den *Sinn*: an die Unsterblichen. In der ›Morgenlandfahrt‹ [1932] sind es die Liebenden und Dienenden. Es ist das gleiche. Je weniger ich im ganzen an unsere Zeit glauben kann, je mehr ich das Menschentum verkommen und verdorren zu sehen meine, desto weniger stelle ich diesem Verfall die Revolution entgegen und desto mehr glaube ich an die Magie der Liebe. In einer Sache schweigen, über die alles klatscht, ist schon etwas. Über Menschen und Einrichtungen ohne Feindschaft lächeln, das Minus an Liebe in der Welt durch ein kleines Plus an Liebe im kleinen und privaten bekämpfen: durch vermehrte Treue in der Arbeit, durch größere Geduld, durch Verzicht auf manche billige Rache des Spotts und der Kritik: das sind allerlei kleine Wege, die man gehen kann. Ich freue mich darüber, daß es auch schon im ›Steppenwolf‹ steht: Die Welt war nie ein Paradies, sie ist nicht früher gut gewesen und jetzt Hölle geworden, sondern sie ist immer und jederzeit unvollkommen und dreckig, und bedarf, um ertragen und wertvoll zu werden, der Liebe, des Glaubens.«

Br. II. S. 366.

Für eine Neuausgabe des *Steppenwolf* schrieb HESSE 1941 schließlich ein kurzes Nachwort, in dem er pointiert zusammenfaßt, was er bis dahin an Selbstinterpretationen nur in Briefen an einzelne Leser geäußert hatte:

»Dichtungen können auf manche Arten verstanden und mißverstanden werden. In den meisten Fällen ist der Verfasser einer Dichtung nicht die Instanz, welcher eine Entscheidung darüber zusteht, wo bei deren Lesern das Verständnis aufhöre und das Mißverständnis beginne. Schon mancher Autor hat Leser gefunden, denen sein Werk durchsichtiger war als ihm selbst. Außerdem können ja auch Mißverständnisse unter Umständen fruchtbar sein.

Immerhin scheint mir der ›Steppenwolf‹ dasjenige meiner Bücher zu sein, das öfter und heftiger als irgendein anderes mißverstanden wurde, und häufig waren es gerade die zustimmenden, ja die begeisterten Leser, nicht etwa die ablehnenden, die sich über das Buch auf eine mich befremdende Art geäußert haben. Zum Teil, aber nur zum Teil, kommt die Häufigkeit dieser Fälle davon her, daß dieses Buch, von einem Fünfzigjährigen geschrieben und von den Problemen eben dieses Alters handelnd, sehr häufig ganz jungen Lesern in die Hände fiel.

Aber auch unter den Lesern meines Alters fand ich häufig solche, denen mein Buch zwar Eindruck machte, denen aber merkwürdigerweise nur die Hälfte seiner Inhalte sichtbar wurde. Diese Leser haben, so scheint mir, im Steppenwolf sich selber wiedergefunden, haben sich mit ihm identifiziert, seine Leiden und Träume mitgelitten und mitgeträumt, und haben darüber ganz übersehen, daß das Buch auch noch von anderem weiß und spricht als von Harry Haller und seinen Schwierigkeiten, daß über dem Steppenwolf und seinem pro-

blematischen Leben sich eine zweite, höhere, unvergängliche Welt erhebt, und daß der ›Traktat‹ und alle jene Stellen des Buches, welche vom Geist, von der Kunst und von den ›Unsterblichen‹ handeln, der Leidenswelt des Steppenwolfes eine positive, heitere, überpersönliche und überzeitliche Glaubenswelt gegenüberstellen, daß das Buch zwar von Leiden und Nöten berichtet, aber keineswegs das Buch eines Verzweifelten ist, sondern das eines Gläubigen.
Ich kann und mag natürlich den Lesern nicht vorschreiben, wie sie meine Erzählung zu verstehen haben. Möge jeder aus ihr machen, was ihm entspricht und dienlich ist! Aber es wäre mir doch lieb, wenn viele von ihnen merken würden, daß die Geschichte des Steppenwolfes zwar eine Krankheit und Krisis darstellt, aber nicht eine, die zum Tode führt, nicht einen Untergang, sondern das Gegenteil: eine Heilung.«

Zit. nach: Mat. S. 159 f.

Hesse wollte seine Hinweise aber nicht als Ersatz für eine eigenständige Auseinandersetzung mit dem *Steppenwolf* verstanden wissen und forderte dazu in Briefen jüngere und ältere Leser bis in sein hohes Alter auf. So schreibt er im März 1951 einer Abiturientin, die einen Vortrag über den *Steppenwolf* hielt und ihn »um Hilfe gegen die Einwürfe und Fragen ihrer Kameradinnen bat«:

»Liebes Fräulein
Es tut mir leid, aber ich kann Ihnen den ›Steppenwolf‹ nicht erklären. In dem Nachwort, das ich vor einigen Jahren der Ausgabe der Büchergilde mitgegeben habe, habe ich ja angedeutet, wie ich es meine. Aber das Problem, das Harry Haller zu bewältigen hat, wird von ganz jungen Lesern niemals in seiner Kompliziertheit ganz erfaßt werden können. Das ist aber auch gar nicht nötig. Sie haben ja an sich selbst erfahren, daß man ein solches Buch lieben und sich zu eigen machen kann, auch ohne es genau analysieren zu können. Damit haben Sie den Zugang zum ›Steppenwolf‹ und zu allen meinen

Büchern schon gefunden, das Verständnis wird sich von selbst weiter bilden.
Ohne Sie belehren zu wollen, erlaube ich mir, noch einen Rat auszusprechen: Wenn andre ein Buch oder Kunstwerk, das Ihnen lieb ist, ablehnen, dann ist es unnütz sich dagegen zu wehren oder das Buch verteidigen zu wollen. [...] Die Bücher der Dichter bedürfen weder der Erklärung noch der Verteidigung, sie sind überaus geduldig und können warten, und wenn sie etwas wert sind, dann leben sie meistens länger als alle die, die über sie streiten.«

Hermann Hesse: Briefe. Erw. Ausg. Frankfurt a. M.: Suhrkamp, 1964. S. 375 f. –

Im Oktober 1955 schreibt HESSE an Horst Dieter Kreidler:

»Meine Meinung zu Ihrer Steppenwolffrage ist die: Sie sollten, glaube ich, sich rein an das Buch halten, und nicht an Äußerungen, die der Autor darüber später gelegentlich getan hat. Ich hatte oft Grund mich über steppenwolflesende Schulknaben etwas zu ärgern, und tatsächlich habe ich ja auch das Buch in der Zeit dicht vor meinem 50. Jahr geschrieben. Aber daß ich dabei an nichts andres gedacht habe als an ein Thema etwa wie ›Das Problem des 50jährigen‹, stimmt natürlich nicht, und überhaupt habe ich bei keinem meiner Bücher solche thematisch-theoretischen Absichten gehabt.«

Br. IV. S. 213 f.

V. Zur Wirkungsgeschichte

Bei wohl kaum einem anderen deutschsprachigen Schriftsteller wurde die Rezeptions- und weltweite Wirkungsgeschichte so ausführlich untersucht wie beim Werk Hermann Hesses. Die besondere und ungewöhnliche Resonanz, die gerade dieses Werk im deutschsprachigen Bereich wie international fand, ist in mehreren umfangreichen Zeugnissammlungen dokumentiert und in zahlreichen Einzeluntersuchungen beschrieben und analysiert worden. Zur allgemeinen Wirkungsgeschichte vgl. die Sammlungen von Hsia (1975), Michels (1976/77) und Pfeifer (1977/79); zum *Steppenwolf* im besonderen vgl. die Materialienbände von Michels (1972) und Schwarz (1980).

Das folgende Kapitel beschränkt sich daher auf die beiden für die Rezeptionsgeschichte der Erzählung entscheidenden Phasen: die Reaktion der Kritik bei ihrem Erscheinen und die von den USA ausgehende Neurezeption seit den 60er Jahren. In den ausgewählten Zeugnissen werden die grundsätzlichen Positionen der Zustimmung wie der Ablehnung, die bis in die Gegenwart die Auseinandersetzung um die Erzählung bestimmen, sowie die auch außerliterarischen Faktoren erkennbar, die gerade in der Rezeption von Hesses Werk eine zeitweise überragende Rolle spielen.

1. Reaktionen beim Erscheinen des *Steppenwolf*

Zwei Lesungen in Zürich (eine davon am 20. Februar 1927 in C. G. Jungs ›Psychologischem Club‹) und einige weitere Vorabdrucke einzelner Passagen (vgl. Mileck I, S. 189) bereiteten die literarische Öffentlichkeit auf das Erscheinen des Buchs vor. Hesse war jedoch enttäuscht, daß es nicht möglich war, die Erzählung als Ganzes in einer Zeitung vorabdrucken zu lassen (vgl. Mat. S. 122).

Das Buch selbst erschien gegen Ende Mai 1927 in einer

Erstauflage von 15.000 Exemplaren und verkaufte sich in den ersten beiden Jahren gut; noch 1928 konnten drei Nachauflagen mit insgesamt 20.000 Exemplaren gedruckt werden. Erst nach Erscheinen von *Narziß und Goldmund* (1930), von dem schon im Erscheinungsjahr 40.000 Exemplare aufgelegt werden konnten, ließ das Interesse am *Steppenwolf* merklich nach und kam dann während der nationalsozialistischen Diktatur in Deutschland vorübergehend fast ganz zum Erliegen.

Die Verlagsankündigung, die Oskar Loerke verfaßt hatte, lenkte entsprechend ihrer Funktion, den Kritikern Stichworte zu liefern und Leser zu gewinnen, die Aufmerksamkeit vor allem auf die Aktualität der Erzählung. Der Text wurde in zwei Versionen verbreitet, die divergierende Akzente setzten, indem die eine Hallers Außenseitertum und Sehnsucht nach einer höheren Wirklichkeit hervorhob, während die andere sein inneres Gespaltensein und Leiden an der Gegenwart betonte:

»Harry Haller ist in das kulturlose und unmenschliche Inferno unserer prunkenden und lärmenden Gegenwart vorgedrungen und steht mit seinem Begriff von Menschenwert ... einsam außerhalb der bürgerlichen Gesellschaft. Seine Sehnsucht kennt eine unerreichbare Wirklichkeit: seine Verzweiflung treibt ihn zuweilen in die erreichbare andere zurück. Lust und Enttäuschung ihres Daseins führen in seinem Herzen und Hirn einen Kampf, an dem die Zivilisation Europas mit ihrem ganzen Bestande und Befunde teilnimmt.«

Zit. nach: Volker Michels (Hrsg.): Hermann Hesse. Sein Leben in Bildern und Texten. Frankfurt a. M.: Suhrkamp, 1979. S. 229.

»Die ergreifende Geschichte vom Steppenwolf führt uns in das kulturlose und unmenschliche Inferno unserer prunkenden und lärmenden Gegenwart. Harry Haller, der Held, beherbergt in einem Blut und in einer Seele zwei Naturen, eine menschliche und eine wölfische, sie müssen sich in ständiger

Todfeindschaft befehden, und an seinem inneren Kampf nimmt die Zivilisation Europas mit ihrem gesamten Bestande und Befunde teil. Der Dichter gibt uns ein Buch der tiefen Herzensnot und der Sehnsucht nach Menschenwürde und schöner Freiheit.«

Zit. nach: Hermann Hesse 1877–1977. Stationen seines Lebens, des Werkes und seiner Wirkung. [Ausstellungskatalog.] München 1977. S. 228.

Nicht ohne Einfluß auf die erste kritische Aufnahme der Erzählung blieb auch HUGO BALLS Monographie über Hesse, die gleichzeitig mit dem *Steppenwolf* erschien. Ball geht auf den Schlußseiten seines Buches auf die Erzählung ein, die er in einer knappen, subtilen Interpretation aus der Sicht des Biographen deutet: als den Versuch eines Intellektuellen, sich dem eigenen, bislang verdrängten Selbst zu stellen, als nötigen Akt der Befreiung und der Wiedervergewisserung in der Auseinandersetzung mit den »Dämonismen« der Gegenwart:

»Der ›Steppenwolf‹-Roman, dieses Unikum von Dichtung, ist Hesses jüngste und mächtigste Inkarnation. Wenn es gelänge, den Feind im eigenen Innern zu packen und aufzulösen, die treibende vitale Kraft auf eine plausible Formel zu bringen; wenn es gelänge, dies leidenschaftlich unruhige, wogende, quälende, aller Sublimierung und Zivilisierung hohnsprechende Wesen auseinanderzulegen, in zierliche Worte zu fassen, es mit aller Gnade und allem Licht zu durchdringen –: damit wäre etwas geschehen. Damit wäre diesem bisher unzugänglichen, namenlosen Wesen zu Leibe gerückt. Damit wäre für die Folge unliebsamen Überraschungen von der Instinktseite her vorgebeugt. Damit wäre die Lebenskraft selber entwurzelt und erschüttert; das Tier im Menschen wäre zutage gefördert und, wer weiß, vielleicht gebrochen. Damit wäre ein dämonisches Urbild gehoben, und einer Unsumme von Beängstigungen, von Hysterien, von schillernden Sophismen wäre der Weg verlegt. Damit wäre ein Humor er-

möglicht, der mehr zu sein vermöchte als anstellige Verlegenheit und gute Miene zum bösen Spiel.
[. . .] Daß solch ein mythologisches Untier sich mitten in unserem modernen Leben mag blicken lassen, das deutet auf eine Zeit, in der man die Kunst der Liebe und der Begütigung, die verstehende menschliche Kunst, nur noch gedruckt, nur schwarz auf weiß noch zu finden vermag. Gleichwohl: in diesem männlichen, ernsten Buche ist, mit negativem Vorzeichen, die Romantik noch einmal. [. . .] Mag man ach und weh und vielleicht Schlimmeres rufen; gleichwohl: hier ist der Versuch, die zusammengefaßten und auf eine glückliche Formel gebrachten Dämonismen unserer Zeit abzustoßen, um Raum zu gewinnen für alle Güte und unbehinderte Höhe. Hier ist ein jugendlich tanzender Kämpe, der mit Augen, in die man aus Scheu nicht zu blicken wagt, seine Sache verteidigt und seine Liebe schützt. Als Wappen- und Totemtier tritt er an die Spitze eines Bundes von heimlich Versunkenen, deren Herz und Geist die hohen Worte blank und rein erhalten wissen will.«

Hugo Ball: Hermann Hesse. Sein Leben und sein Werk. Frankfurt a. M.: Suhrkamp, 1977. S. 182 f. [Erstausg. Berlin: S. Fischer, 1927.] –

Wie viele Autoren hatte Hesse ein gespanntes Verhältnis zur Literaturkritik. Er, der selbst ein unermüdlicher Rezensent war, hielt nicht viel von den Rezensenten seiner Bücher. Oft sah er sie mißverstanden oder fand sie herablassend und nur oberflächlich behandelt. So auch den *Steppenwolf*, wie HESSE, etwa im Juli 1927, an Hilde Jung-Neugeboren schreibt:

»Mein letztes Buch, der Steppenwolf, wird von der gesamten Presse mit freundlichem Mißverständnis begrüßt, weder für den Inhalt noch für die dichterische Form, die beide nicht alltäglich sind, ist eine Spur von Verständnis da.«

Zit. nach: Mat. S. 122.

Und nicht ohne Bitterkeit vermerkte er, daß der *Steppenwolf* von keinem »berühmten Mann unter die lesenswerten Bücher des Jahres gezählt« worden sei (Mat. S. 126).
Hesses Verdikt, das Buch sei ohne »eine Spur von Verständnis« besprochen worden, erweist sich nach einer Durchsicht der Rezensionen aber doch als nur bedingt gerechtfertigt. Der *Steppenwolf* wurde in zahlreichen, zum Teil sehr eingehenden Besprechungen gewürdigt. Überblickt man die Kritiken, so wurde das Buch insgesamt positiv, wenngleich fast immer auch mit Vorbehalten aufgenommen, wobei die Reaktionen von enthusiastischer Bewunderung bis hin zur Ablehnung der Erzählung als Schilderung einer nicht-repräsentativen privaten Misere eines ich-befangenen Außenseiters reichen; doch selbst ablehnende Kritiker verzichteten selten darauf, wenigstens Hesses Sprache und stilistisches Können zu loben.
Fast alle Rezensenten fühlten sich von den zwei zentralen thematischen Aspekten angesprochen, die im »Vorwort des Herausgebers« hervorgehoben werden: von der rigorosen Selbstanalyse und der heftigen Zeitkritik. Mit der vorgeschlagenen Bewältigungsstrategie dagegen, dem Humor und dem Lachen der Unsterblichen, hatten die Kritiker ihre Schwierigkeiten. Es überrascht daher nicht, daß die Besprechungen mehr von weltanschaulichen und ideologischen Überlegungen als von literaturkritischer Argumentation geleitet sind. Formprobleme der Erzählung bleiben demgegenüber deutlich im Hintergrund des Interesses. Es dominiert die Tendenz, das Buch als autobiographische Beichte zu lesen, Autor und Held in eins zu setzen, und sich identifizierend oder abwehrend mit dem Buch auseinanderzusetzen. Dies wird zum augenfälligsten Charakteristikum nicht nur in der frühen Auseinandersetzung mit der Erzählung.
Kurt Pinthus etwa zeigt sich tief bewegt von der rigorosen Offenheit, mit der Hesse in diesem Buch über sich und die Situation des Intellektuellen in seiner Zeit zu Gericht sitzt:

»Ich lese den Steppenwolf, dies unbarmherzigste und seelenzerwühlendste aller Bekenntnisbücher, düsterer und wilder als Rousseaus ›Confessions‹, die grausamste Geburtstagsfeier, die je ein Dichter sich selbst zelebrierte: aus Selbstbesinnung, Selbstvernichtung schaffend: ein Dokument vom Untergang des alten Menschen, der alten Zeit, die weder eine Zeit ist noch Zeit hat, sondern zwischen zwei Zeiten mit großem Gepolter versinkt. Einsam, feindlich und ungerecht steht Hesse gegen unsre Zeit; aber nicht haßvoll anklagend, sondern leidend als zerrissener Sonderling, die Fetzen seines Wesens in ihrem lärmenden Sturm flattern lassend. [. . .] Jetzt sehe ich, daß all seine Bücher im Grunde waren wie dieser Steppenwolf, nur nicht so grausam. Alle sind sie Selbstschau, Selbstbiographie, Zersplitterung des eigenen Ich: nicht aus Lust an der Analyse, sondern aus Sehnsucht, ein Einheitliches zu werden; sich selbst, das Wesentliche zu finden.«

Kurt Pinthus: Hermann Hesse – zum 50. Geburtstag. In: 8 Uhr Abendblatt. Berlin. 2. Juli 1927. Zit. nach: Hermann Hesse 1877–1977. Stationen seines Lebens, des Werkes und seiner Wirkung. [Ausstellungskatalog.] München 1977. S. 229.

Hanns Martin Elster geht sogar noch weiter in seiner konservativen Begeisterung für das Buch und feiert in Haller/Hesse den heroisch leidenden Streiter für ewige geistige Werte:

»Hermann Hesse selbst rechnet mit sich und der Zeit in einem romanartig eingekleideten, doch durchsichtig als Autobiographie seiner gegenwärtigen Seelen- und Lebenssituation gestalteten Buche ›Der Steppenwolf‹ [. . .] ab, in einem unerhört starken, schauerlich-erschütternden, menschlich wahrhaft großen Bekenntnis, das ebenso charakteristisch für die heutige Zeit wie für das Menschsein überhaupt ist. Hier ist der längst notwendige Ausschnitt durch eine entseelte, seelenfeindliche Epoche, ein Querschnitt, der allen Menschen, die noch ein Herz haben, mitten durch den Lebensnerv gehen muß. Wer die Wahrheit dieses Buches nicht so erlebt, daß sie auf sein Leben zur Wandlung einwirkt, kann gewiß sein, selbst zu den entseelten, mechanistisch-amerikanisierten Menschen zu zählen, nichts Edel-Menschliches sein Eigen zu nennen. [...] [Die] Grundlinie der Entwicklung Harrys ist mit seltenem dichterischen und geistigen Reichtum so durchgeführt, daß man diesen Roman als das geistige Zentralwerk unserer Zeit ansprechen muß. Wenn es sich auch noch in der Zone der Qual und der Negation bewegt, so strahlt doch schließlich die Sonne des reinen Geistes auf: auch Hesse hat den Weg zur Lebenserfüllung durch den Geist selbst in dieser Zeit gefunden.«

Hanns Martin Elster: Bücherschau. In: Die Horen 4 (1927) H. 1. S. 87 f. Zit. nach: Adrian Hsia (Hrsg.): Hermann Hesse im Spiegel der zeitgenössischen Kritik. Bern/München: Francke, 1975. S. 261.

Werner von der Schulenburg (d. i. Gebhard Werner) sieht den *Steppenwolf* von einem der Zukunft zugewandten Ethos getragen, und er meint in der Erzählung Ankündigung und Durchbruch zu künstlerisch noch bedeutenderen Werken Hesses erkennen zu können; hier klingt aber auch die von vielen Hesse-Lesern geteilte Sehnsucht nach dem versöhnlicheren und eingängigeren frühen Hesse an, auf die noch zurückzukommen ist:

»Dieser Steppenwolf wird – im Anfang als Einsamer, Ausgestoßener gedacht – am Ende der Typus, welcher durch seine verschlagene Vielseitigkeit, seine Proteuskünste, bestimmt ist, die Stürme der Zeit zu überstehen. [...] So wird denn der Steppenwolf zu einem Typ der wahrhaft Kämpfenden unserer Zeit, und das Kunstwerk zeigt eine Linie, auf der ein Fortschreiten möglich ist.

Den ungeheuren Stoff hat Hesse mit Meisterschaft gestaltet. Die Sicherheit, mit welcher er die komplizierte Maschinerie spielt, ohne daß je der Gedanke an Mechanik auftauchen könnte, ist bewundernswert. Eine klare, aktive Liebe durchdringt das ganze Buch, ein ›trotzdem‹, ein ›Ja‹, das wieder manches ›Ja‹ hervorlocken wird. Vor einer solchen Rechenschaft über fünfzig Lebensjahre kann man sich nur ehrfurchtsvoll verneigen.

Der ›Steppenwolf‹ kündet uns den Beginn einer ganz großen Reife Hesses; man legt das Buch mit dem Gedanken aus den Händen, daß wir jetzt von Hesse das größte erwarten dürfen. Wir wollen nicht prophezeien; aber es könnte sein, daß er auf den Ausgang seiner Kunst, die einfache Erzählung, zurückgreift, und daß er, der Jugendlich-Reife, uns Werke geben würde von einer Größe und Einfachheit, wie sie etwa Giotto oder Gottfried von Straßburg der Welt als kostbares Erbe hinterlassen haben.«

Werner von der Schulenburg: Hesse. In: Der Bücherwurm 12 (1927) H. 9. S. 264 f. Zit. nach: Adrian Hsia (Hrsg.): Hermann Hesse im Spiegel der zeitgenössischen Kritik. Bern/München: Francke, 1975. S. 276.

Der expressionistische Schriftsteller ALFRED WOLFENSTEIN begrüßt die scharfe und scharfsichtige Entblößung des »nicht einmal mehr tragischen Drückebergertums des jetzigen Bürger-Ichs«, aber mehr noch den Versuch, in Richtung einer neuen nicht-bürgerlichen Wirklichkeitsform vorzustoßen; allerdings geht ihm Hesse hierin noch nicht weit genug:

»Ein Mensch aus der Steppe der Gegenwart. [. . .] Es handelt sich um einen Mann, der so männlich ist, sich nicht für eine Persönlichkeit zu halten, nämlich nicht für eine, sondern für eine ganze Masse davon. Um eine Bestie handelt es sich, die gegen die verlogene entartete Vorstellung von unsrer innern Einheit, diese wohl vom antiken Körper her aufgebaute schöne Selbsttäuschung, die Zähne bleckt. Es handelt sich [. . .] um einen Anarchisten, der voll rasender Wut auf dieses falsch dastehende Dasein Warenhäuser und Kathedralen zerschlagen und der bürgerlichen Weltordnung das Gesicht ins Genick drehen möchte. Es handelt sich um einen Revolutionär des Ichs. [. . .]
Dies Werk spricht in scharfen, erschütternden, phantastischen und klaren Worten zu uns, es hat eine wunderbare Höhe über jener einst seinen Dichter umfangenden Sentimentalität erreicht (die ihm jetzt nur wertvoller erscheint als etwa überhaupt keine Gefühle zu haben). [. . .] Es ist, glaubt

man sagen zu dürfen, ein willkommener Vorstoß zur immer noch so schwachen Front aller Freunde einer zukunftsreichen Auflösung, aller Feinde dieser alten, in ihrem Gegeneinander wie in ihrer Ordnung gleich falschen Welt. Weniger der einzelne Lebende als diese Welt leidet an jener Schizophrenie. Und da es bei der Spaltung des heutigen Ich nicht um das Doppelgängerspiel der Romantik geht, auch nicht um die weltschmerzliche Zerrissenheit des Byron-Menschen, da es vielmehr die Vorstufe zu einer wohl grandiosern Zusammenführung der Menschen ist als die Erde je eine gesehen hat: so wird auch die Dichtung, diese wesentlichste, menschlichste Äußerungsart, das starke Motiv in einer unmittelbarern Wirklichkeitsform als je behandeln, wie es im ›Steppenwolf‹ schon geschehen ist.
Dann muß ein solches Werk freilich nicht mit dem wölfischen Weiterschweifen an der europäischen Mauer enden, auch nicht mit dem Ausblick in die rettende Weite des Humors, was bei so weiter chaotischer Problematik eher selbst nur ein humoristischer Einfall genannt werden kann. Sehe ich eins der letzten Bilder des Dichters und sein vom Leben durchgearbeitetes Gesicht an, so spüre ich Hermann Hesses graden, von seiner schönen Musik begleiteten Vormarsch auf jenem Wege der Kunst und des Kampfes, wo es gegen die Erbfeinde unsrer menschlichen Zukunft geht. Und wer diesen Schritt gegen sich selbst getan hat, will ihn nicht mehr zurück tun. Der Steppenwolf ist eine Dichtung des gegenbürgerlichen Mutes.«

Alfred Wolfenstein: Wölfischer Traktat. In: Die Weltbühne 23 (1927) H. 2. S. 107–109. Zit. nach: Mat. S. 273–276.

Andere Kritiker vermag die Idee einer Rettung durch den Humor ebenfalls nicht zu überzeugen. Ihre Gründe unterscheiden sich jedoch von denen Wolfensteins. Sofern sie den Kulturpessimismus des Buches teilen, richten sich ihre Einwände vor allem gegen die Radikalität, mit der Haller/Hesse, die Schamgrenze verletzend, bislang verdrängte psychische

Bereiche und Konflikte seiner Persönlichkeit entblößt und sich dabei »mit geschlossenen Augen in die tosende Schmutzwelle der Zeit« wirft, wie WERNER DEUBEL meint; dies sei Galgenhumor, führe nicht zum reinen Lachen der Unsterblichen. Aus dieser Abwehrhaltung heraus entwickelt Deubel seine Begründung, daß die zweite Hälfte des Buches auch künstlerisch abfalle:

»Wir sagten: der ›Steppenwolf‹ als Symbol ist der erste Versuch dieses Buches, sich aus der Verzweiflung herauszuhelfen. Aber dem grausam ehrlichen Dichter dient er nur dazu, noch tiefer die Tragik der Seele aufzuwühlen. Wir zweifeln nicht, daß auch der zweite Versuch, der den Inhalt der zweiten Buchhälfte ausmacht, ebenfalls nur eine ›Phase‹ für den Dichter Hesse sein wird. Denn dieser Versuch entbehrt nicht der Künstlichkeit. Er läuft auf ein grandioses Ziel hinaus: so hoch über den ganzen Erdenschwindel unserer verruchten Zeit hinauszuwachsen, daß man über die vom Jasagenden wie Neinsagenden schrecklich ernst und wichtig genommenen ›Fortschritte‹ der Menschheit, über all das Kulturverderbende von Jazz und Radio, Saxophon und Charleston, Amerika und Modernität das Lachen der Unsterblichen lerne. Daß man nicht verächtlich fern bleibe, sondern lachend mitmache, um es um so gründlicher ›leicht‹ zu nehmen. Das Lachen wird ein ›Magisches Theater für Verrückte‹. Man tobt mit, man wird mitgetobt und lächelt Mozart zu wie ein Augur. Man nimmt auch die Liebe wieder mit heidnischer Leichtigkeit und begeht nicht mehr so ernsthafte Torheiten wie einen Mord aus Eifersucht. Aber wie dies alles schon nur noch im Bilde einer filmschnellen Phantasmagorie gestaltet werden kann, so laufen dem Dichter hier Künstlichkeiten mit unter, die uns ahnen lassen, wie unsicher, wie verzweifelt er sich in etwas hineinarbeitet, was wahrscheinlich doch nur eine – Konstruktion ist.«

Werner Deubel: Hermann Hesses ›Steppenwolf‹. In: Frankfurter Nachrichten. 4. Dezember 1927. Beil. Didaskalia. S. 221 f. Zit. nach: Mat. S. 305.

Kritiker, die die grundlegende Bedeutung der Psychoanalyse für die künstlerische Form des Romans erkennen und anerkennen, wehren sich jedoch zugleich gegen das als gefährlich und zersetzend empfundene »Wühlen in seelischen Komplexen«; so der Rezensent der *Essener Allgemeinen Zeitung*, wenn er auf die tiefenpsychologische Dimension der Aufzeichnungen Hallers eingeht:

»die Menschen, die diesen [Hallers] Weg kreuzen, sie mögen dem unbefangenen Betrachter als reale Personen erscheinen, sie sind aber Wunsch- und Traumgestalten des Dichters selbst. Die kleine Hermine, die den Steppenwolf für das alltägliche Leben gewinnt, die liebende Maria, der lustige Pablo, sie bedeuten im Grunde Spiegelungen, vergangene oder zukünftige Möglichkeiten einer dichterischen Seele, die mit ihrer Hilfe auch das Steppenwolfdasein überwindet. Solche Einheit in der Vielgestaltigkeit ist neu und von seltener Magie und bedeutet eine besondere Form des Bildungs- und Bekenntnisromans in unserer Zeit.
[. . .] trotz aller sprachlichen Pflege, die Hesse wie immer, so auch hier übt, gehen über dem an sich mannhaften Bekennen manchmal die Distanz und die Ehrfurcht und jene feine Scham verloren, mit der man vor den letzten Dingen der Seele, die nur gefühlt und geahnt und nicht analysiert werden wollen, Halt machen soll. Mag auch der Dichter alle Resultate der Seelenforschung wieder in Handlung und Anschaulichkeit umsetzen, die berüchtigten erotischen ›Komplexe‹ bleiben spürbar. Und so droht hier bei allem fruchtbaren Wirken der Psychoanalyse, das unbedingt anerkannt werden muß, eine gewisse Gefahr.«

M. Sch.: Hermann Hesses neuer Roman. In: Essener Allgemeine Zeitung. 2. Juli 1927. Zit. nach: Adrian Hsia (Hrsg.): Hermann Hesse im Spiegel der zeitgenössischen Kritik. Bern/München: Francke, 1975. S. 264 f.

Die Schwierigkeiten und die Enttäuschung der Hesse-Gemeinde mit dem *Steppenwolf* fand ihren differenziertesten Ausdruck in der Besprechung Felix Brauns. Der Kritiker leidet mit dem »geliebten Dichter«, der der Psychoanalyse folgend seine Zeit wie sein »Herz«, sein Ich auf eine selbstzerstörerische Weise in Frage stellt, die den Dichter seinen Lesern zu entfremden droht:

»In dem erschütternden, Wort für Wort zutreffenden ›Tractat vom Steppenwolf‹ wird die Natur unseres verdammten Herzens so erschöpfend entlarvt, daß nun nichts zu tun übrigbleibt, als die enthüllte Vielspältigkeit unseres Wesens durch einen Entschluß, der freilich einer heroischen Tat gleichbedeutend wäre, zu der alten Einheit wieder zurückzuharmonisieren, in der allein sie verantwortet werden kann. Aber nicht dieser Weg ist hier angegeben: Es geht das Buch Hermann Hesses, trotz einer scheinbaren Linderung, die jedoch unmöglich dauern kann, nihilistisch aus. Eine ferne Hoffnung auf Erlösung wird nicht verschwiegen: Aber selbst wenn das Lachen der Unsterblichen, das als das letzte Ziel dem Dichter noch erstrebbar gilt, in seinem Herzen auch erschölle: Das reine Lachen Mozarts wäre es kaum. [. . .]
Dieser Ausblick wohl trägt mit die Schuld daran, daß wir von Hesses Werk mit einer Empfindung scheiden, die wir nur ungern zulassen. Denn es kann eine solche Selbstentblößung, wie sie hier gewagt wird, nur gerechtfertigt werden, wenn sie Frucht trägt. [. . .]
[. . .] Größe der inneren Fruchtbarkeit unserer Seele gegenüber, das ist's, was mangelt. Hätte sie sich erkämpfen lassen, das Buch vom ›Steppenwolf‹ wäre das wichtigste der Epoche geworden. So aber wurde bloß von der Verzweiflung die Frage gestellt, die Antwort aber den Unsterblichen überlassen.«

Felix Braun: Hermann Hesses neues Buch. In: Die literarische Welt. 3 (1927) Nr. 27. S. 5 f. Zit. nach: Mat. S. 294–297.

BERNHARD RANG, der die Erzählung als Ausdruck und bedeutendes Dokument der Zeit würdigt, teilt ähnliche Vorbehalte gegen eine ›Erlösung durch Humor‹:

»Gewiß hat Humor etwas Befreiendes, Lösendes. Aber Humor, Galgenhumor zumal, *erlöst* nicht. Hesse, der die Fahne der Romantik mit Recht in einer allzu technisierten, materialisierten Welt hochhält, täuscht sich und uns, wenn er im befreienden Humor einen Ausweg aus der so verzweifelten Lage der Gegenwart gefunden zu haben glaubt. Es gilt gerade, jede pathologische Romantik, jedes Sichselbstbespiegeln zu überwinden und *nüchtern* die Dinge des Geistes und der Erde anzusehen und anzugreifen. [...] Hesses Philosophie bleibt wirkungslos, weil sie das Ich wohl zerspalten, ja auflösen will, weil sie es aber nicht erträgt und zuläßt, daß eben dieses Ich als Ich durchbrochen wird von seinem Du, durchstoßen und auf den Grund erschüttert wird von dem ›ganz Anderen‹, von Gott.«

Bernhard Rang: Dokumente der Zeit. In: Kunstwart 41 (1928) H. 7. S. 55.

Ihr Unbehagen mit dem *Steppenwolf* verbinden eine Reihe von Kritikern mit der Sehnsucht nach den romantisch-lyrischen Anfängen Hesses, die diesem selbst längst fragwürdig geworden waren (vgl. GW XI. S. 53 f.). So schreibt FELIX BRAUN:

»Kein Wunsch kann Hermann Hesse zu seinem fünfzigsten Geburtstag inniger zugedacht werden als dieser. Das schöne Dichtwerk, das nur dadurch in die Welt treten wird, weil der ›Steppenwolf‹ ihm die Bahn gebrochen, mag wohl der oder jener seiner Freunde heute schon ahnen. Wenige unter den mit uns lebenden Dichtern haben soviel Gnade empfangen wie Hesse; längst ist er unter die Unsterblichen aufgenommen, aber er ahnt noch nicht, daß ihn von jenen heute nur eines scheidet: die Art des Lachens. Nicht wie er sie jetzt zu hören meint; vielmehr wie er, als Jüngling, den Wolken nachschauend, sie vernahm, diese ist ihre wahre Weise, und auch ihm wird sie zurückverliehen werden am Ende der Leiden.«

Felix Braun: Hermann Hesses neues Buch. In: Die literarische Welt 3 (1927) Nr. 27. S. 5 f. Zit. nach: Mat. S. 298.

Kritische Ratlosigkeit und schlichtes Unverständnis verbirgt sich dabei gelegentlich hinter dem Vorwurf künstlerischen Versagens. Adolf von Grolman etwa gehört zu den wenigen, die nicht einmal Hesses Zeitkritik gelten lassen wollen; er erblickt hier nur das unentschiedene Nörgeln eines Einzelgängers, der »neben den Ereignissen seiner Zeit herläuft« und »in gewissenhaftem Wenn und Aber versinkt«:

»Der ›Steppenwolf‹ sieht auf den ersten Blick sehr grimmig, zeitgemäß und gefährlich aus, ist aber tatsächlich wenig anderes als ein psychopathologischer Fall, dessen Bewältigung nicht belangreich genug ist, um ihn als Anlaß zum Kunstwerk zu nehmen. Dabei fällt auf, daß Hesse jetzt mehr als früher den zeitgenössischen Scheingewalten erliegt; er nimmt allerlei Banales gar ernst, schlägt sich mit Schimären herum, die er überschätzt. Natürlich haben die Verzweiflungsbemühungen des betr. Patienten, der sich wie ein getretener Wurm windet, allerlei Interessantes, doch hätte dem Dichter dies alles besser im Rahmen eines klugen Aufsatzes gelegen, anstatt im Roman, der nicht recht in Schwung kommt und dann im Sande verläuft. Auch ersetzen kaustische Bemerkungen nicht den fehlenden Humor. Der ›Camenzind‹, der hatte Instinkt, Kraft und Schlichtheit. Deshalb wird er auch den schizophrenen ›Steppenwolf‹ überleben und sich aus dessen Fell schließlich eine brauchbare Reisedecke zu einer nötigen Reise nach dem Süden machen.«

Adolf von Grolman: Hermann Hesse »Der Steppenwolf«. In: Die schöne Literatur 29 (1928) H. 1. S. 24 f. Zit. nach: Adrian Hsia (Hrsg.): Hermann Hesse im Spiegel der zeitgenössischen Kritik. Bern/München: Francke, 1975. S. 283.

Hesses Vorliebe für die romantische Literatur war den meisten Kritikern bekannt, und so taucht das Etikett »romantisch« auch mehrfach auf, um die narrative Struktur wie den gedanklichen Gehalt der Erzählung zu charakterisieren. So schreiben KURT PINTHUS und ERWIN ACKERKNECHT:

»Ein echt deutsches Buch, großartig und tiefsinnig, seelenkundig und aufrichtig; analytischer Entwicklungsroman mit romantischer Technik, romantischen Wirrnissen wie die meisten großen deutschen Romane und wie die meisten Bücher Hermann Hesses.«

Kurt Pinthus: Hermann Hesse – zum 50. Geburtstag. In: 8 Uhr Abendblatt. Berlin. 1. Juli 1927. Zit. nach: Hermann Hesse 1877–1977. Stationen seines Lebens, des Werkes und seiner Wirkung. [Ausstellungskatalog.] München 1977. S. 229.

»Die Komposition des Werkes ist ausgesprochen romantisch. An Jean Paul, den Lieblingsdichter Hesses, erinnert die Einschaltung des geistvollen ›Traktats über den Steppenwolf.«

Erwin Ackerknecht: Hermann Hesse »Der Steppenwolf«. In: Bücherei und Bildungspflege. 7 (1927). S. 357 f.

Der »Steppenwolf« selbst wurde als das Symbol des »romantischen Menschen« gedeutet, so z. B. von WERNER DEUBEL:

»Mit dieser seelisch-zoologischen Wortprägung ist der Name für den romantischen Menschen unserer Zeit gefunden. Der romantische Mensch ist der unbedingte, der ehrliche, illusionslose, der nur die Götter über sich anerkennt und die Menschen durchschaut, der sich von keinem verlogenen Kulturideal, keinem Modernitätsrummel mehr dumm machen läßt. Und das ist das Furchtbare: diese Art Mensch gedeiht nicht mehr unter den nach 1900 Geborenen. Er gehört zu der Generation zwischen 30 und 50, die eigentlich im Kriege gefallen sein müßte, die heute ›zwischen zwei Zeiten, zwischen zwei Lebensstile‹ hineingeriet, so daß ihr ›jede Selbstverständlichkeit, jede Geborgenheit und Unschuld‹ verloren ging.«

Werner Deubel: Hermann Hesses Steppenwolf. In: Frankfurter Nachrichten. 4. Dezember 1927. Beil. Didaskalia. S. 221 f. Zit. nach: Mat. S. 300 f.

Zu den Bewunderern der Erzählung gehörte auch THOMAS MANN, den der *Steppenwolf*, wie er Hesse verehrungsvoll am 3. Januar 1928 schrieb, »seit langem zum erstenmal wieder gelehrt« habe, »was Lesen heißt« (Hermann Hesse – Thomas Mann, Briefwechsel, S. 9); als Fingerzeig von seinem eigenen Werk zu dem des befreundeten Kollegen griff er Hesses »Steppenwolf«-Symbol an einer Stelle im zweiten Teil von *Joseph und seine Brüder* auf, was dem aufmerksamen Leser Hesse nicht entging (vgl. Mat. S. 151). In einem Begleitwort zu einer amerikanischen Ausgabe des *Demian* stellte Thomas Mann 1948 den *Steppenwolf* dann sogar neben zwei der bedeutendsten europäischen Romane der Moderne:

»Ist es nötig zu sagen, daß der ›Steppenwolf‹ ein Romanwerk ist, das an experimenteller Gewagtheit dem ›Ulysses‹ [1922, von James Joyce] und den ›Faux Monnayeurs‹ [1925, von André Gide] nicht nachsteht.«

Zit. nach: Siegfried Unseld: Hermann Hesse. Werk und Wirkungsgeschichte. Frankfurt a. M.: Suhrkamp, 1985. S. 117. –

Wie sehr gerade der *Steppenwolf* noch in den frühen 30er Jahren auf junge Intellektuelle wirkte, mögen die Zeugnisse zweier später selbst bekannt gewordener Autoren belegen. In seiner autobiographischen Erzählung *Abschied von den Eltern* (1961) beschreibt PETER WEISS, welch starken Eindruck die Erzählung auf ihn machte, die er in der Bibliothek seiner Eltern gefunden hatte:

»Bücher waren geheime Botschaften, Flaschenposten, ausgeworfen, um einen Gleichgesinnten zu finden. Überall, in den fernsten Städten, an öden Küsten, in der Verborgenheit von Wäldern, lebten diese Einzelnen, und viele sprachen aus einem Totenreich zu mir. Die Vorstellung dieser Zusammengehörigkeit tröstete mich. [. . .] Ich entwendete Hallers Buch, Nur für Verrückte, aus der geordneten Reihe im Regal, ich befreite es aus einer verständnislosen Umgebung und ließ es in meinem Reich zur Sprache kommen. Das Lesen von Hallers Werken war wie ein Wühlen in meinem eigenen Schmerz. Hier war meine Situation gezeichnet, die Situation des Bürgers, der zum Revolutionär werden möchte und den die Gewichte alter Normen lähmen. In vielem hielt mich diese Lektüre in einem romantischen Niemandsland fest, im Selbstmitleid und in altmeisterlichen Sehnsüchten, ich hätte eine härtere und grausamere Stimme gebraucht, eine Stimme, die mir den Schleier von den Augen gerissen und mich aufgerüttelt hätte. Doch vor einer solchen Stimme war ich noch taub.«

Peter Weiss: Abschied von den Eltern. Frankfurt a. M.: Suhrkamp, 1961. S. 140–142. –

Der damals als Schriftsteller noch völlig unbekannte ARNO SCHMIDT schickte Hesse um 1935 sein Gedicht »Verbrüderung. Dem Dichter des Steppenwolfes in hoher Verehrung« (vgl. *Hermann Hesse 1877–1977*, S. 400); noch 1950, als er, enttäuscht über Hesses Besprechung seines ersten Buchs *Leviathan* (1949), in einem Brief am 23. Mai Hesse seine eigene Distanz zu dessen Werk bekundet, schließt er »mit tiefer Ehrerbietung für Harry Haller (der mich wohl anders angesehen hätte)« (Br. IV. S. 435).

2. Zur Wirkungsgeschichte nach 1945

Wie das übrige Werk Hesses verschwand auch *Der Steppenwolf* während der nationalsozialistischen Herrschaft im deutschsprachigen Bereich nahezu vollständig vom Buchmarkt. Obgleich nicht offiziell verboten, so galt Hesse mit seiner bekannten kompromißlosen antifaschistischen Haltung doch als unerwünschter Schriftsteller, dessen Bücher man dadurch effektiv unterdrückte, daß dem Verleger weder für neue Bücher noch für Nachauflagen Papier zugeteilt wurde. So konnte das 1942 abgeschlossene große Alterswerk Hesses, der Roman *Das Glasperlenspiel*, nicht mehr im angestammten Verlag, bei S. Fischer in Berlin, erscheinen, sondern wurde 1943 zunächst nur in der Schweiz unter Ausschluß des übrigen deutschsprachigen Marktes veröffentlicht.

Schon bald nach dem Kriegsende freilich und während der fünfziger Jahre war Hesse neben Thomas Mann der bekannteste und angesehenste lebende deutschsprachige Autor. Die Verleihung des Goethe-Preises der Stadt Frankfurt und mehr noch des Nobelpreises für Literatur im Jahre 1946 sowie des Friedenspreises des deutschen Buchhandels 1955 trugen wesentlich zu Hesses neuem Ansehen bei. Seine Bücher wurden in rascher Folge wieder zugänglich gemacht und erreichten zum Teil hohe Auflagen. Unter den ersten Büchern, die nach der Wiederzulassung des Verlags 1947 erschienen, war auch *Der Steppenwolf*; doch gehörte die Erzählung während der Nachkriegsjahre nicht zu den populären Büchern Hesses. Im Vergleich zum *Steppenwolf*, von dem zwischen 1947 und 1960 nur ca. 30.000 Exemplare aufgelegt wurden, erreichten im gleichen Zeitraum *Narziß und Goldmund* und das *Glasperlenspiel* jeweils Auflagen von weit über 100.000 Exemplaren; gefragt war der romantische und der dem kulturellen Erbe verpflichtete Hesse. Der kommerzielle Erfolg seiner Bücher während dieser Jahre war so bedeutend, daß sie das materielle Rückgrat des 1950 gegründeten Suhrkamp Verlages bildeten (vgl. Hermann Hesse – Peter Suhrkamp, Briefwechsel 1945–1959), der sich bald zu einem der wichtigsten

deutschen Literaturverlage entwickelte und bis heute das Werk Hermann Hesses verlegerisch betreut.
Bücher Hesses waren auch schon vor der Verleihung des Nobelpreises in andere Sprachen übersetzt worden, aber nirgendwo außerhalb des deutschsprachigen Bereichs hatten seine Bücher eine nennenswerte Popularität erreicht. Das begann sich erst – zunächst noch zögernd – mit der Verleihung des Nobelpreises und schließlich in einer geradezu flutartigen Welle in den 60er Jahren zu ändern, als Hesse in den USA zu einer Kultfigur in der Hippie-Bewegung und unter Studenten wurde. Und von den USA gingen dann neue und außerordentlich starke Impulse aus, die ein weltweites Interesse an Hesses Werk entzündeten und eine Serie neuer Übersetzungen nach sich zogen (vgl. die Liste der Übersetzungen von Hesses Werken in: Pfeifer, 1977, S. 277–348).
Dieser in der Rezeption eines deutschsprachigen Schriftstellers ungewöhnliche und in seinem Ausmaß einzigartige Vorgang vollzog sich anfangs fast ganz außerhalb der etablierten literarischen Distributions- und Rezeptionswege und zu einer Zeit, als das Interesse an Hesses Werk im deutschsprachigen Bereich abnahm. Als Hesse 1962 starb, waren sich deutsche Kritiker weitgehend darin einig, daß sein Werk epigonal sei und der Vergangenheit angehöre; mit ihm war, wie es ein Kritiker damals salopp ausdrückte, »kein Blumentopf mehr zu gewinnen« (Rudolf Walter Leonhardt: Gehört Hermann Hesse zur deutschen Gegenwartsliteratur? In: *Die Zeit* vom 17. August 1968). Deutsche Leser begannen sich dem Werk Brechts zuzuwenden, als die gegenkulturelle Jugendbewegung in den USA Hesse entdeckte und den *Steppenwolf* zu einem ihrer Lieblingsbücher erkor. Gerade an diesem Buch nämlich entzündete sich in besonderem Maße die in den 60er Jahren von den USA ausgehende und bis heute anhaltende breite internationale Rezeption von Hermann Hesses Werk.
Ralph Freedman schreibt über den Weg des *Steppenwolf* zum Kultbuch:

»Der fast geheimnisvolle Aufstieg dieses Buches in das Bewußtsein der amerikanischen Gegenkultur, beginnend in den späten fünfziger Jahren, markierte die Ursprünge und Konturen des Hesse-Phänomens in den USA. Die Wurzeln dieser Renaissance lassen sich zurückverfolgen auf das Erscheinen eines Buches von Colin Wilson mit dem Titel *The Outsider*, 1956, das ein ganz bestimmtes Hesse-Bild zur Symbolfigur jener Zeit machte [. . .] Die Vorstellung der jungen Generation, außerhalb des Systems zu stehen und eine neue ›unterirdische‹ Kultur zu erschaffen, wurde überraschenderweise mit einem Autor assoziiert, der bei seinen eigenen Landsleuten bislang im wesentlichen als Teil der literarischen Tradition Deutschlands verstanden wurde. Nichtsdestoweniger kann kein Zweifel bestehen, daß der symbolisch in jeder Stadt spielende Untergrund-Roman *Der Steppenwolf* genau die Einstellung der jungen Amerikaner widerspiegelte, die ihn damals so begierig lasen.«

Ralph Freedman: Hermann Hesse. Autor der Krisis. Eine Biographie. Frankfurt a. M.: Suhrkamp, 1982. S. 19 f. –

Der aus England stammende Colin Wilson avancierte mit seinem *Outsider*-Buch, das ein anglo-amerikanischer Bestseller wurde, zu einem der Inspiratoren der sich formenden jugendlichen Protestbewegung. In dem Hesse gewidmeten Kapitel seiner Studie, dessen erklärtes Ziel es war, Hesse dem angelsächsischen Leser näher zu bringen, beschränkt sich Wilson auf eine Interpretation der späten Romane Hesses vom *Demian* bis zum *Glasperlenspiel*, wobei er eine Deutung des *Steppenwolfs* in den Mittelpunkt seiner Ausführungen stellte, den er als »eine der eindringlichsten und erschöpfendsten Studien über den Outsider, die je geschrieben wurden« einstuft:

»Der Outsider, erklärt Haller, ist ein in sich gespaltener Mensch; und so ist es sein dringlichster Wunsch, wieder mit

sich eins zu werden. Er ist selbstsüchtig, wie etwa jemand es sein würde, den sein Leben lang Zahnweh plagt.
Sein Elend erklärt sich so: Haller hat sich in zwei Personen gespalten, in einen zivilisierten Menschen und eine Wolfsnatur. [...]
[...] Er, als ein Mann der Selbstverwirklichung, hat bewußt seine beiden gegensätzlichen Naturen entwickelt, bis der Konflikt ihn in zwei Wesen zu zerreißen droht, weil er weiß, daß er, wenn er das Geheimnis ihrer dauernden Versöhnung ausfindig macht, auf einer dem Bürger unbekannten Stufe hochgespannten Daseinsgefühls leben wird. [...]
[...] Die Augenblicke seiner Einsicht in Richtung und Ziel gilt es fest zu ergreifen; in solchen Momenten muß er Gesetze aufstellen, die ihn fähig machen, seinem Ziel zuzustreben, auch wenn er es aus dem Blickfeld verliert. Man braucht nicht hinzuzufügen, daß diese Gesetze nicht nur ihn angehen, sondern alle Menschen, deren Ziel das gleiche ist wie seines.
[...] Das Bemühen, die ›Seele zu erweitern‹, muß von religiöser Zucht geleitet werden; und nichts ist hier zu erreichen, wenn der Wille nachläßt. All das weiß der ›arme Steppenwolf‹ und würde es doch lieber nicht wissen.
Folgerichtig sollte der ›Tractat vom Steppenwolf‹ den Schluß des ganzen Buches bilden; tatsächlich aber steht er schon im Bereich der ersten hundert Seiten. Harry hat lediglich seine Schwierigkeiten erkannt; er muß noch Erfahrungen durchmachen, die seine Erkenntnis in die Wirklichkeit umsetzen. [...]
Vom Standpunkt des Lesers aus gesehen, ist der Traktat der Höhepunkt des Buches, aber Hesse hat noch eine Aufgabe zu Ende zu führen. Er muß uns zeigen, wie der Steppenwolf lernt, das Leben wieder anzunehmen und endlich von dem Gedanken abzugehen, sich die Kehle durchzuschneiden. Dies wird bewirkt durch eine Reihe romantisch-unwahrscheinlicher Ereignisse. [...]
›Der Steppenwolf‹ endet in demselben romantischen Traumnebel, wie wir ihn schon in den beiden vorhergehenden Romanen [*Demian* und *Siddhartha*] beobachtet haben; aber in

diesem Fall ist seine Wirkung weniger irritierend, denn der Leser hat, wie die Dinge liegen, Haller bereits Spielraum für jedwede Lüge zugestanden. Trotzdem sind es nicht eigentlich diese letzten Szenen, die sich dem Gedächtnis einprägen (wie sie wohl sollten, denn sie sind der Höhepunkt des Romans); vielmehr sind es die Seiten, wo von der Selbstanalyse die Rede ist und es überhaupt keine Handlung gibt. Anders als sein großer Zeitgenosse Thomas Mann hat Hesse nicht die Kraft, Menschen lebendig werden zu lassen; aber dafür sind seine Ideen weit lebendiger als die von Mann, vielleicht, weil dieser stets der distanzierte Betrachter ist, während Hesse immer als ein nur leicht verkleideter Mitspieler in seinen Romanen erscheint. Die Folge davon ist, daß Hesses Ideenromane eine Vitalität besitzen, die man nur mit der von Dostojewskij vergleichen kann; er schreibt besessen von dem Bedürfnis, seine eigenen Lebensprobleme dadurch zu lösen, daß er sie zu Papier bringt.

Im ›Steppenwolf‹ ist er einen weiten Weg gegangen, bis er sie schließlich löste. In der Traumszene am Schluß streift sein Blick die Worte: ›Tat Twam Asi = *Das bist Du*‹, den Satz aus den Upanishaden, der besagt, daß der Mensch im Herzen des eigenen Ich die Gottheit entdeckt. Intuitiv weiß Harry das. Der Weg, der vom Elend des Outsiders zu diesem ruhenden Mittelpunkt führt, ist ein Weg der Disziplin, der Askese und der völligen Loslösung. In dem ›Tractat vom Steppenwolf‹ zeigt er, daß er sich dessen bewußt ist, aber er gesteht, das sei eine zu harte Sprache für ihn. Am Ende des Romans scheint es, als habe er doch etwas von dem nötigen Mut gefunden, sich alledem zu stellen.«

Colin Wilson: Der Outsider. Stuttgart: Scherz & Goverts, 1957. S. 76–81.

Wilson las den *Steppenwolf* als die Beschreibung einer existentialistischen Selbstanalyse und den Versuch der Selbstfindung eines Einzelgängers; für ihn stellt der *Tractat vom Steppenwolf* das Kernstück der Erzählung dar. Neben diese Lesart trat aber schon wenig später eine andere, als mit der Eskalation des Krieges in Vietnam immer weitere Kreise der jüngeren Generation in den Sog der gegenkulturellen Protestbewegung gerieten und sich die Suche nach neuen Lebensformen mit der Exploration von, wie man meinte, bislang nicht wahrgenommenen und unterdrückten Bereichen der eigenen Psyche verband; mit Hilfe von Drogen wollte man das Bewußtsein erweitern und berief sich dabei auf Hesse. In seinem damals richtungsweisenden Aufsatz »Hermann Hesse. Poet of the Interior Journey« erhob Timothy Leary, ehemaliger Dozent für Psychologie an der renommierten Harvard Universität und einer der Propheten der Drogenbewegung, den Dichter zum »Meisterführer zum psychedelischen Erlebnis und seiner Anwendung«. Leary empfahl Hesses Romane als Lektionen esoterischer Unterweisung »auf dem chemischen Pfad der Erleuchtung«: »Vor deiner LSD-Sitzung solltest du *Siddhartha* und *Steppenwolf* lesen. Der letzte Teil des *Steppenwolfs* ist ein unschätzbares Lehrbuch.« (Leary, S. 178.) Eine solche Mißdeutung hatte sich HESSE freilich schon viele Jahre zuvor verbeten. Im Januar 1933 schrieb er an M. K.:

»Es war Ihre Frage, ob ich im ›Steppenwolf‹ es mit irgendetwas ernst meine, oder einfach ein angenehmes Einduseln in Opiumräuschen vorschlage. [. . .] das war für mich nicht nur eine persönliche, sondern auch eine prinzipielle Enttäuschung.«

Zit. nach: Mat. S. 148.

Nichtsdestoweniger wurde Hesse für einige Jahre zu einem der Gurus der Drogenszene, der, wie in LEARYS Interpretation, sein »Magisches Theater« als literarisches Alibi diente:

»Es scheint klar, daß Hesse ein psychedelisches Erlebnis beschreibt, einen durch Drogen herbeigeführten Verlust des Selbst, eine Reise in die innere Welt. Jede Tür im Magischen Theater trägt eine Aufschrift, die auf endlose Möglichkeiten des Erlebnisses hinweist. Eine Inschrift ›Auf zum fröhlichen Jagen! Hochjagd auf Automobile‹ führt zu einer phantastischen Orgie mechanischer Zerstörung, in der Harry zum wollüstigen Mörder wird. Eine weitere Inschrift lautet: ›Anleitung zum Aufbau der Persönlichkeit. Erfolg garantiert‹ und bezeichnet eine Art Schachspiel, in dem die Figuren Teile der Persönlichkeit sind. Kosmische Psychotherapie. ›Wir zeigen demjenigen, der das Auseinanderfallen seines Ichs erlebt hat, daß er die Stücke jederzeit in beliebiger Ordnung neu zusammenstellen und daß er damit eine unendliche Mannigfaltigkeit des Lebensspieles erzielen kann.‹ Eine andere Inschrift besagt: ›Alle Mädchen sind dein‹ und führt Harry in unerschöpfliche sexuelle Phantasien. Die Krise des Steppenwolfes, seine inneren Konflikte, seine Verzweiflung, seine Krankhaftigkeit und unbefriedigte Sehnsucht werden in einem wirbelnden Kaleidoskop der Halluzinationen gelöst. [. . .]

So erlebte Harry Haller, der Steppenwolf, seine psychedelische Sitzung und entdeckte statt einer Realität unendliche Realitäten in seinem Gehirn. Er wird aufgenommen in die auserwählte Gruppe derer, die den verbalen Vorhang durchdrungen haben und vorgestoßen sind zu anderen Erscheinungsformen des Bewußtseins. Er ist der elitären Brüderschaft der Illuminati beigetreten.

Und was dann? Wie geht es von da aus weiter? Wie kann die heilige Empfindung der Einheit und Offenbarung erhalten werden? Versinkt man wieder in der schlafwandlerischen Welt mechanischer Leidenschaft, automatischer Handlung, Egotismus? [. . .] Diesen Fragen sieht sich jeder gegenüber, der in ein tiefes trans-ego Erlebnis eingegangen ist. Wie können wir die Frische erhalten, wie jede Sekunde des folgenden Lebens erleuchten? Wie können wir die ekstatische Einheit mit anderen erhalten?

[. . .] Umgib dich nach der psychedelischen Sitzung mit Freunden, die dein Ziel teilen, die dich durch ihr Beispiel oder durch vereinigende Liebe emporheben können, die helfen können, die Erleuchtung wieder hervorzurufen.«

Timothy Leary: Politik der Ekstase. Hamburg: Christian Wegner Verl., 1970. S. 170 f.

Auf dem Höhepunkt des Pop-Kultes um Hesse gegen Ende der 60er Jahre nannte sich eine Rockband »Steppenwolf« und errang mit ihrem Song »Born to be wild« einen internationalen Hit; und in der kalifornischen Universitätsstadt Berkeley spielte man in einem »Magic Theatre« avantgardistisches Theater. Auch zu einer Verfilmung des *Steppenwolfs* kam es nun, wobei man sich über Hesses ausdrücklichen Einspruch gegen jegliche Verfilmung seiner Bücher hinwegsetzte.
Aus künstlerischen Gründen hatte Hesse selbst prinzipiell jede Verfilmung von literarischen Kunstwerken abgelehnt. Im Mai 1950 schrieb er an Felix Lützkendorf:

»Eine Dichtung, die rein mit den Mitteln der Dichtung arbeitet, rein mit der Sprache also, darf nach meiner Auffassung nicht als ›Stoff‹ verwendet und von einer andern Kunst mit deren Mitteln ausgebeutet werden. Das ist, in jedem Falle, Degradierung und Barbarei.«

Hermann Hesse: Briefe. Erw. Ausg. Frankfurt a. M.: Suhrkamp, 1964. S. 327. –

Eine Anfrage aus dem Jahre 1952, den ›zeitgemäßen‹ *Steppenwolf* verfilmen zu dürfen, hatte er daher auch negativ beschieden; er wäre zu einer Ausnahme nur bereit gewesen, wie er seinem Freund und Verleger Peter Suhrkamp schrieb, »wenn es einmal gälte den Verlag materiell zu retten« (vgl. *Hermann Hesse – Peter Suhrkamp*, Briefwechsel 1945–1959, S. 207 f.). – Der *Steppenwolf*-Film (1974) von Fred Haines, der auch das Drehbuch geschrieben hatte, erwies sich trotz der Popularität der Erzählung und der guten Besetzung – Max von Sydow spielte den Harry Haller – wie schon die Film-Version von *Siddhartha* (1972) als kommerzieller Mißerfolg. Die Gründe dafür lagen wohl, wie Ralph Freedman zu Recht annimmt, im Charakter der Texte Hesses und in der spezifischen Art der Rezeption seiner Bücher in den USA:

»Nicht nur gelten seine Romane als Vorlagen zur Selbstentdeckung (und werden in Amerika als Dichtung gar nicht

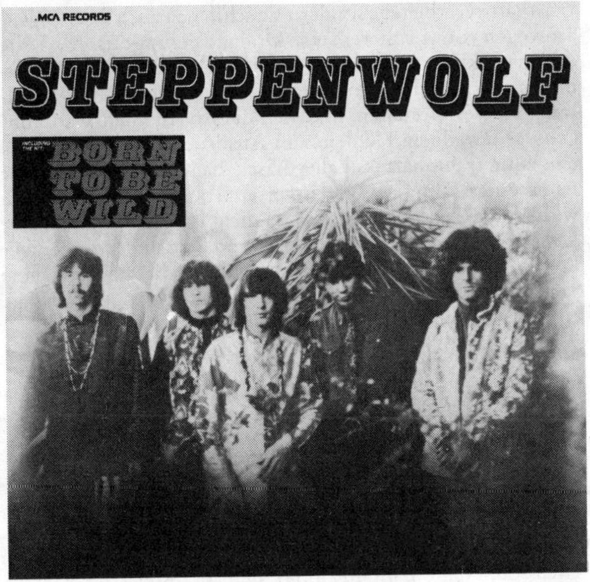

Plattencover der amerikanischen Rockband »Steppenwolf« von 1969

ernsthaft verarbeitet), sondern sie schließen auch ihrer Eigenart wegen von vornherein eine Dramatisierung aus. Als Texte der Instruktion und ethisch-religiösen Erfahrung, ja Erbauung, sind sie nicht eben geeignet zur rein visuellen Darstellung. Hesses Gestalten, in denen die psychischen Wandlungen des jeweiligen Helden zum Ausdruck kommen, sind so eindeutig traumhaft und allegorisch, daß die teils realistische Kulisse des Films den antizipierten Traumbildern geradezu widersprach. *Siddhartha* spielt ja nicht im realen Indien, *Der Steppenwolf* nicht im realen Basel und Zürich der zwanziger Jahre, sondern in beiden Büchern herrscht vielmehr eine Traumwelt, in deren Mittelpunkt die rein geistige Aussage einer geheimnisvollen Person steht: des Autors selbst.«

Ralph Freedman: Hermann Hesse. Autor der Krisis. Eine Biographie. Frankfurt a. M.: Suhrkamp, 1982. S. 22 f. –

Welches Ausmaß der Hesse-Boom bis in die Mitte der 70er Jahre in den USA erreichte, zeigt allein ein Blick auf die Auflagen der amerikanischen Taschenbuchausgaben: unter den insgesamt 13 zwischen 1966 und 1975 erschienenen Hesse-Titeln der Reihe Bantam Books steht der *Steppenwolf*, von dem zwischen 1969 und 1976 ca. 1,6 Millionen Exemplare verkauft wurden, an der Spitze, gefolgt von *Demian* (1966 bis 1976: ca. 1,5 Millionen Exemplare) und *Siddhartha* (1971–76: ca. 1,4 Millionen Exemplare), während alle anderen Titel deutlich unter der Millionengrenze blieben (Angaben nach Rudolf Koester in: Pfeifer, 1977, S. 163).

Obgleich das kultartige Interesse an Hesse in den USA mit dem Ende des Vietnam-Kriegs nach 1975 zurückging und der Drogenkonsum längst auf literarische Verbrämung verzichtet, blieb Hesse weltweit einer der meistgelesenen deutschsprachigen Autoren. Noch immer empfinden viele Leser Hesses Bücher als ›antimaterialistisches Ferment‹, in dem vor allem die heranwachsende Generation nach wie vor Identifikationsmodelle, Bestätigung für ihr Krisenbewußtsein unter

Max von Sydow als Harry Haller in Fred Haines »Steppenwolf«-Verfilmung (1974)

der Drohung nuklearer Vernichtung und globaler Umweltzerstörung und für ihre Besinnung auf Lebensqualität findet. Dies läßt sich auch in der Rezeption von Hesses Büchern im deutschsprachigen Bereich seit den 70er Jahren deutlich erkennen. Anders als in den 50er Jahren ist aber *Der Steppenwolf* nun auch hier der Favorit unter den Büchern Hesses. Unter den seit 1972 bei Suhrkamp erscheinenden Taschenbuchausgaben übertrifft diese Erzählung, die inzwischen zum festen Kanon der Schullektüre gehört, deutlich die Auflagenhöhe aller anderen Bücher Hesses.

Inzwischen fühlen sich Hesses Leser eher, wie HERMANN BURGER schreibt, »von dem angezogen, was Hesses Zeitgenossen verstört [. . .]: vom rückhaltlos offenen Bekenntnis eines der europäischen Zivilisation und Kultur völlig entfremdeten Outsiders, vom Zähnefletschen des Zynikers«. Man ist auch längst wieder abgerückt vom psychedelischen Hesse-Kult der 60er Jahre:

»Nein, der ›Steppenwolf‹ eignet sich denkbar schlecht als Vademecum für den kollektiven Trip in eine exotische Verantwortungslosigkeit. Man braucht einen kühlen Kopf, um seine politische Brisanz, die Diagnose einer ›Kulturwelt‹ wahrzunehmen, welche zum Friedhof geworden ist. Daß die Bedeutung der ›Unsterblichen‹ beim Erscheinen des Romans nicht richtig erkannt worden ist, mag wohl an Hesses Instrumentierung liegen. Die Zerrissenheit Harry Hallers kommt viel stärker zum Ausdruck als das eisige Lachen derer, welche die Zeitlichkeit überwunden haben.«

Hermann Burger: Ein Blick ins maskentreibende Chaos. In: Frankfurter Allgemeine Zeitung. 10. September 1981. S. 25.

VI. Perspektiven der Forschung

In dem Maße wie Hesses Bücher weltweite Verbreitung und Popularität errangen, wurde auch die akademische und kritische Auseinandersetzung mit seinem Werk zunehmend international. Der Hesse-Boom in den USA während der 60er und 70er Jahre führte dazu, daß amerikanische Literaturwissenschaftler gerade diesem Autor besondere Aufmerksamkeit schenkten und mehrere richtungsweisende Monographien und zahlreiche wichtige Einzeluntersuchungen zu den Romanen und Erzählungen vorlegten. Demgegenüber blieb Hesse in der literaturwissenschaftlichen Diskussion des deutschsprachigen Bereichs auch weiterhin im Schatten seiner großen Zeitgenossen Kafka, Th. Mann oder Brecht.
Der folgende Überblick geht nicht chronologisch, sondern thematisch vor und dokumentiert wesentliche Aspekte des literaturkritischen Diskurses über Hesses Erzählung *Der Steppenwolf*.
Als Summe seiner langjährigen Forschungen zum Werk Hesses veröffentlichte JOSEPH MILECK 1978 eine Biographie: *Hermann Hesse: Life and Art* (dt.: *Hermann Hesse. Dichter, Sucher, Bekenner.* München 1979). Dort zeichnet er im *Steppenwolf*-Kapitel die Entwicklung der Themen nach, die die Erzählung mit dem Gesamtwerk verbinden:

»Hesses fortgesetzte Beschäftigung mit der Selbstverwirklichung ist im *Steppenwolf* sowohl sein zentrales Interesse als auch die entscheidende Verknüpfung seiner Werke vom *Demian* bis zum *Glasperlenspiel* untereinander. Eine Anzahl wiederkehrender sekundärer und verwandter Themen verstärken ständig diese thematische Verbindung zwischen den verschiedenen Erzählungen. Der Begriff des kulturellen Untergangs, der im *Demian* gestreift, in *Klingsors letztem Sommer* erwähnt wird und über den Hesse im *Blick ins Chaos* theoretische und psychologische Untersuchungen angestellt hatte, wird nun in allen Einzelheiten erörtert. Unsere Welt sei krank und liege im Sterben, unsere Kultur beruhe auf billigen Werten, sei ohne Religion und ohne Ideale, wir hätten ein unmenschlich mechanisiertes Zeitalter von Tand, Schwindel und Lügen, Raum für Politiker, aber nicht für Menschen. Die bürgerliche Gesellschaft, Matrix und Determinante dieser Kultur und ständige Quelle des Ärgers für Hesse, wird nun ebenfalls der eingehendsten Prüfung unterzogen und schärfstens verurteilt. Jene Bürgerwelt, der Lauscher den Rücken kehrt, mit der Camenzind uneins ist, von der Giebenrath zermalmt wird, in der Kuhn unglücklich lebt, der Veraguth nur zu gern Lebewohl sagt, über die sich Sinclair erhebt, vor der Klein flieht, jenseits der Klingsor seine Kapriolen macht, durch die Siddhartha verächtlich schreitet und über die Hesse im *Kurgast* erbittert ist, wird sarkastisch beschrieben, einer rücksichtslosen psychologischen Analyse unterzogen und verurteilt. Es ist eine Welt, gekennzeichnet von Materialismus, Nationalismus und Militarismus, von Geldverdienen, Konventionalität und Mediokrität, von Uniformität, fauler Kompromißbereitschaft und Langweiligkeit; ihre Bewohner sind auf Sicherheit bedacht und gesetzesbewußt, eher geneigt, sich abzufinden als Verantwortung zu tragen, mehr Sklaven als Herren, emsig, aber nicht kreativ, ohne Genialität, Geschmack oder lohnende Ziele, an Behaglichkeit, nicht an Freiheit interessiert, an Mittelmaß, nicht an der Intensität des Lebens und in all ihren Gedanken und Taten vom feigen Impuls der Selbsterhaltung beherrscht.

Haller genießt die gleichen mystischen Zwischenzeiten der Gnade, der seligen Einheit, der Harmonie, des Sinnes und der Bejahung, die Klein, Klingsor und Siddhartha erfahren. Doch seine Vertiefung in die Idee der Zeitlosigkeit setzt eine neue Richtung voraus. Für Klein ist die Zeit eine Erfindung des Geistes und der Verderb der menschlichen Existenz; der Magier in *Klingsors letztem Sommer* behauptet, daß man die Zeit wegdenken könne; und Siddharthas Meditation tut genau das. Nachdem Hesse diesen esoterischen Gedankengang ausgeschöpft hatte, verlegte er seine Idee der Zeitlosigkeit von der tatsächlichen in eine ideale Welt. Nun stellte er sich einen zeitlosen Bereich der ewigen Werte vor, bevölkert von *realen* Menschen, eine Gemeinschaft von ›Unsterblichen‹: Heiligen, Sündern und Märtyrern, Künstlern und Denkern und all jenen Außergewöhnlichen, denen es gelingt, die engen Grenzen der zeitgebundenen bürgerlichen Welt zu überschreiten. Die aktuelle Welt versetzt Haller in Wut und deprimiert ihn; in dieser idealen Welt, die die erhabensten Möglichkeiten des Menschen widerspiegelt, findet Hallers ungewöhnliche Art der Anpassung ans Leben Zustimmung, sie gibt seinem Leiden Sinn und spornt ihn auf seinem gewundenen Weg der Selbstverwirklichung weiter an. Für Hesse wurde Selbstverwirklichung nun gleichbedeutend mit ›Menschwerdung‹ – d. h. nicht nur Selbstwerdung, sondern ein exemplarischer Mensch zu werden, einer der Unsterblichen. Dieses Ideal erhielt entschiedenen Vorrang vor der Realität, und das Ziel wurde wichtiger als der Weg. Siddharthas ideale Lebensweise wich Hallers idealem Lebensziel. Dieses Ziel, dieser Bereich der zeitlosen Werte, das ewige Reich des Geistes, ist es, das in der *Morgenlandfahrt* verherrlicht, im *Glasperlenspiel* dann verwirklicht und wiederum verworfen wird. Hesses Reise von Lauschers wunderbarem Königreich (*Lulu*) hinter dem Vorhang des Scheins – jener realen Welt, in die sich Dichter in ihrer Phantasie zurückziehen, um Inspiration zu finden – bis zu Hallers Immortalia, die über und jenseits der Aktualität schwebt, war nur der kurze Schritt von der Romantik zum Platonismus.«

Joseph Mileck: Hermann Hesse. Dichter, Sucher, Bekenner. Biographie. Aus dem Amerik. übers. von Jutta und Theodor A. Knust. Frankfurt a. M.: Suhrkamp, 1987. S. 202–204. [Deutsche Erstausg. München: Bertelsmann, 1979.] –

Die Auseinandersetzung mit der Erzählung konzentrierte sich lange auf exponierte Themen wie den Konflikt des intellektuellen Außenseiters mit der verachteten bürgerlichen Umwelt oder die Kritik der modernen Zivilisation, der eine geistige Welt überzeitlicher kultureller Werte entgegengestellt wird. Die Struktur der Erzählung und ihre – auch von Hesse mehrfach betonte – kunstvolle Komposition fand dagegen zunächst nur geringe Beachtung. In einer detaillierten und vielbeachteten Analyse des – innerhalb des Gesamtwerks – ungewöhnlichen Aufbaus der Erzählung beschrieb THEODORE ZIOLKOWSKI 1958 den *Steppenwolf* – eine Bemerkung Hesses aufgreifend – als eine »Sonate in Prosa«:

»Unter den vielen Äußerungen, in welchen Hesse gegen die Kritik der Formlosigkeit in seinem Roman angeht, ist die nachfolgende eine der interessantesten: ›Rein künstlerisch ist der *Steppenwolf* mindestens so gut wie *Goldmund*, er ist um das Intermezzo des Traktats herum so streng und straff gebaut wie eine Sonate und greift sein Thema reinlich an.‹
[. . .] Verwirrend ist beim ersten Lesen des ›Steppenwolf‹ der offensichtliche Mangel an äußerem Aufbau: zum Beispiel das Fehlen der üblichen Einteilung in Abschnitte und Kapitel. Statt dessen werden wir mit der kontinuierlichen Anhäufung einer Phantasmagorie von Ereignissen konfrontiert, die durch ein scheinbar unpassendes Dokument unterbrochen wird, genannt ›Tractat vom Steppenwolf‹, und eingeleitet ist durch die Beobachtungen einer Nebenperson, die in der Geschichte wieder erscheint. Aber wenn wir nach dem inneren Aufbau suchen, so erkennen wir, daß das Buch wie selbstverständlich in drei Hauptabschnitte zerfällt: Einleitungsteil, eigentliche Handlung und das sogenannte ›Magische Theater‹.
Der Einleitungsteil wiederum hat drei Unterteilungen: Einführung, Anfang des eigentlichen Buches und der ›Tractat‹. Diese drei Unterteilungen sind nicht unmittelbar mit der Handlung oder dem Fortgang des Romanes verknüpft. Sie haben alle einleitenden Charakter. Diese Tatsache unterscheidet sie vom zweiten und längsten Teil des Buches, der die Geschichte erzählt und der als einziger der drei Hauptabschnitte eine Form, analog zur Struktur des konventionellen Romans, aufweist. Hier wird die Handlung, die sich, grob gerechnet, in

etwa einem Monat abspielt, erzählt, und im wesentlichen als geradlinige Erzählung. Der dritte Hauptabschnitt schließlich steht aufgrund seiner phantastischen Komponenten abgesondert vom überwiegenden Teil des Romans: er gehört, genau genommen, zur Handlung des Romans, da er eine Situation schildert, die sich in den frühen Morgenstunden nach der Schlußszene der Erzählung abspielt, und dafür gibt es keinerlei technische Kategorie. Aber die bewußte Absage an jede Art von Realität trennt diesen Abschnitt von der wirklichkeitsnahen Erzählung des zweiten Teils.

Theodore Ziolkowski: Hermann Hesses »Steppenwolf«. Eine Sonate in Prosa. Übers. aus: Th. Z.: The Novels of Hermann Hesse. Princeton 1965. Zit. nach: Mat. S. 354 f. – Mit Genehmigung von Theodore Ziolkowski, Princeton.

Der ›Steppenwolf‹ kann mit einer Sonate in drei Sätzen verglichen werden. Der erste Satz weist unmißverständlich die Form des Sonatensatzes auf oder die sogenannte ›Sonatenform‹; der zweite Satz, obwohl er nicht die typische Form eines Adagio der Sonate erkennen läßt, verwendet durchgehend den höchst musikalischen Einfall von zweifachem Wahrnehmungsvermögen oder Kontrapunktik; der dritte Satz schließlich ist auffallend ähnlich nach dem Muster eines Finale in Variationen aufgebaut. Wie in der modernen Symphonie sind die Themen nicht auf einen einzigen Satz beschränkt, sondern erscheinen in allen Teilen, um auf diese Weise den Eindruck einer strukturellen Einheit des Ganzen zu vermitteln: der zweite und dritte Satz gehen vom entsprechenden ersten und zweiten Punkt des ›Tractats‹ aus. Obwohl das Werk von sogenannten ›musikalischen‹ Einfällen wimmelt, wie Leitmotiv und Kontrast, arbeitet es, um diesen musikalischen Effekt zu erzielen, nicht mit verschwommenen Begriffen. Im Gegenteil, es enthüllt eine Struktur, die, bewußt oder unbewußt von Hesses Seite, allgemein einer musikalischen Form entspricht und sich an bestimmten Stellen streng dem anerkannten Modell musikalischer Komposition anpaßt. Bis zu diesem Ausmaß mag es zulässig sein, Hesses ›Steppenwolf‹ als eine Sonate in Prosa zu bezeichnen.«

Ebd. S. 376 f.

JOSEPH MILECK dagegen geht von einer vierteiligen Struktur der Erzählung aus, deren Teile sich auch durch eine jeweils spezifische Sprachgestalt unterscheiden:

»Das Neue lag offensichtlich nicht im Stoff, sondern im Stil und nicht in Hesses bereits vertrauter Verschmelzung von Realismus, Symbolismus und Phantasie, sondern in der Mehrfachmethodik seines Porträtierens und in der sich daraus ergebenden vierteiligen Struktur der Erzählung. Hallers Geschichte und die seiner vom Bourgeois beherrschten Kultur werden nicht einmal erzählt, sondern viermal. Vier komplementäre Porträt-Paare werden in vier verschiedenen Abschnitten skizziert, die von drei verschiedenen Personen verfaßt sind. Das ungewöhnlich lange und nüchterne Vorwort, dem Neffen von Hallers Vermieterin zugeschrieben, zeichnet den äußeren Menschen, seine physischen Merkmale, Gewohnheiten, Interessen und Einstellungen: Haller, wie er der bürgerlichen Welt erscheint [. . .]. Dieser einleitende Überblick wird durch eine eingeschobene Studie erweitert, ein erregendes, witziges und scharfsichtiges Porträt des inneren Menschen Haller, eine psychologische Abhandlung, die scheinbar von einem der Unsterblichen aufgezeichnet worden ist; die Abhandlung gibt ein ebenso treffendes psychologisches Porträt der Bourgeoisie. Hallers eigene Berichte, die eigentliche Erzählung, sind eine unmittelbare Untersuchung des ganzen Menschen in Aktion mit besonderem Nachdruck auf Hallers lange unterdrücktem sinnlichen Ich; sie entlarven außerdem unmittelbar und schonungslos die bürgerliche Welt, wobei deren verschleierte niedere Regionen in den Vordergrund geschoben werden. Hallers nochmalige Selbstbetrachtung und sein Rückblick auf sein Leben in Pablos Magischem Theater, eine abschließende Darstellung des Ichs, ergänzen alle vorhergehenden Porträts; und seine psychedelische Einschätzung der bürgerlichen Welt und ihrer Kultur bestätigt und ergänzt deren vorhergehende Porträts. Nebeneinander vermitteln diese vier Porträt-Paare zunehmend breitere Entlarvung und tieferes Eindringen; die in ihrer Gewichtung verschiedenen Paare liefern, jeweils gemischt, zudem noch ein weiteres Paar: das vollständige Porträt eines Menschen und einer Kultur, wie es Hesse beabsichtigt hatte. Was in der traditionellen Porträtzeichnung zu einer langweilig ausführlichen Abhandlung hätte werden können, wurde zu einer in ihrer Exposition faszinierenden und in der Struktur einzigartigen Geschichte.

Sorgfältige handwerkliche Technik ergänzte die neuartige Struktur, *Der Steppenwolf* wurde nicht nur drei Verfassern zugeschrieben, sondern erhielt tatsächlich drei verschiedene Ausdrucksweisen, deren jede dem Rang des angeblichen Autors überzeugend entspricht. Wie die konservative Gesinnung des Vorworts sind auch seine prosaische Sprache, das klare, aber unartikulierte Idiom, unbeholfene verbale und syntaktische Wiederholungen und schmucklose Buchstäblichkeit das, was man von einem soliden Bürger mit guten geistigen Gaben und einer brauchbaren Bildung, aber begrenzter literarischer Empfindung und Erfahrung erwarten darf. Die Abhandlung ist das geordnete, informierte, artikulierte, dialektisch argumentierende und mit Erläuterungen in Parenthese versehene gelehrte Dokument, das es zu sein vorgibt, es ist angemessen mit wissenschaftlichem Jargon verbrämt und in dem witzigen Ton und der beiläufig ironischen Art geschrieben, die man von einem Unsterblichen mit funkelndem Geist und geübter Feder, einer genialen Seele, die über die menschliche Tragikomödie hinausgelangt ist, erwartet. Und in Hallers Berichten werden die formlosen Erinnerungen eines Laien und die wissenschaftlichen Beobachtungen eines Unsterblichen zur angemessenen literarischen Darstellung eines sensiblen Künstlers, die die notwendige verbale Brillanz aufweist. Die Exposition wird nun zur Kunst. Das Tatsächliche wird phantasievoll abgebildet, idealisiert, symbolisiert und dramatisiert. Die Sprache ist nun behender und lyrischer; wo sie stärker kommunikativ gewesen war, ist sie evokativer, die Bilder werden überreich, und die Ausdrucksweise nimmt den intim persönlichen Fluß und Rhythmus an, die man von den überaus autobiographischen Schriften eines überempfindsamen Harry Haller erwartet. Perioden von Langeweile, von relativ geringer Qual und ohne Freude finden übereinstimmenden Ausdruck im zögernden Fluß und monotonen Rhythmus ungewöhnlich verlängerter Sätze mit ihren schleppenden Wiederholungen und ihren langen baumelnden Ketten ineinander verschachtelter Nebensätze. Die einleitenden Absätze von Hallers Manuskript veranschaulichen die Extreme dieser Technik am besten. In zwei Absätzen, die nur drei Sätze enthalten und etwa 450 Wörter zählen, berichtet Haller träge von dem langweiligen Verlauf eines seiner unerwünschten ruhigen Tage: eine bewußte und angemessen mutlose verbale Wiedergabe grauer Monotonie. Augenblicke finsterer Verzweiflung oder erregter gehobener Stimmung finden dagegen ihren akzentuierenden Ausdruck in einem rasch fließenden und rasend pulsierenden Sturzbach von Haupt- und Nebensätzen, unregelmäßig in ihrer Kürze, in einer emphatischen Sturzflut von Verben und hektischem Aufhäufen von Wörtern, in ruhelosen rhetorischen Fragen, wütenden Ausrufen und Stakkato-Wiederholungen und in einer reichlichen Verwendung von Anaphern und Parataxen. Diese nervöse verbale Flut erreicht in Hallers Bericht über die sich steigernden Momente des Balles besonders starke Aussagekraft. Der Tanz gipfelt in einem tollen Wirbel, Haller glüht wie im Fieber und die Sprache reflektiert und akzentuiert die äußere Situation und den inneren Zustand. Rasch folgt Verb auf Verb, Wiederholungen drängen sich, und Haupt- und Nebensätze wirbeln dahin. Das Sprachtempo wird ebenso rasend wie das Tanztempo und Hallers innere Erregung. Der Tanz endet, das Fieber sinkt, und die Sprache fließt allmählich wieder langsam und gleichmäßig dahin.

Es ist nicht nur diese Harmonisierung von innerem Zustand und äußerer Situation – die Fülle der Dialoge –, die Hallers

Erzählung dramatische Unmittelbarkeit verleihen, sondern auch die reichliche Verwendung eines gespannten inneren Monologs.«

Joseph Mileck: Hermann Hesse. Dichter, Sucher, Bekenner. Biographie. Aus dem Amerik. übers. von Jutta und Theodor A. Knust. Frankfurt a. M.: Suhrkamp, 1987. S. 214–217. [Deutsche Erstausg. München: Bertelsmann, 1979.] – © 1979 C. Bertelsmann Verlag GmbH, München.

Die besondere Form des inneren Monologs, die Hesse für die Aufzeichnungen Hallers benutzte, wurde erstmals 1969 in dem Aufsatz »Narration of Consciousness in ›Der Steppenwolf‹« von Dorrit Cohn als »self-narrated monologue« definiert und in seiner rhetorischen Funktion eingehender analysiert; Cohn folgend beschreibt MILECK, wie Hesse diese Form des ›selbsterzählten Monologs‹ eines rückblickenden Erzählers entwickelte und in der Erzählung einsetzt:

»Vor *Demian* verwendete Hesse auf der Handlungsebene seiner vielen Ich-Erzählungen nur maßvoll die innere Rede als Stilmittel und selten in den weniger zahlreichen Geschichten in der dritten Person. Die Helden dieser Periode geben sich häufigem Nachsinnen hin, doch im allgemeinen werden ihre Gedanken zitiert oder, wenn von ihnen berichtet wird, verbal eingeführt. Von *Demian* an wird das fortgesetzte Monologisieren von Hesses Helden nicht nur breiter, sondern findet auch häufiger Ausdruck in einem ungewöhnlich lebendigen Typ des erzählten inneren Monologs: in Gedanken, die in der Vergangenheit ausgedrückt werden, unbelastet durch die üblichen verbalen Einleitungen zu berichteten Gedanken. Diese Entwicklung in Hesses Erzähltechnik findet ihren Höhepunkt im *Steppenwolf*. Infolge des reichlichen Vorkommens dieses dramatisch indirekten inneren Monologs wird der erzählende Haller geradezu wieder zum erlebenden Haller und verleiht seinem Bericht trotz des vorherrschenden Imperfekts fesselnde Unmittelbarkeit. Das Imperfekt wirkt eigentlich wie das Präsens. Diese Unmittelbarkeit wird noch verstärkt durch Hallers übliche Beibehaltung der Zeitadverbien des direkten inneren Monologs in seinen indirekten inneren Monologen und von seinem häufigen Gebrauch jener Hinweise auf das Präsens, selbst wenn er im Imperfekt erzählt (heute, jetzt, gestern, morgen, anstatt an jenem Tag, dann, am Tag zuvor, am nächsten Tag), und auch von seinen zahlreichen *à parts* im Präsens sowie dem Präsens in der Abhandlung. Dank dieser inneren Monologe und dieser temporalen Kunstgriffe wird Haller nicht zu einem ›war‹, sondern zu einem ›ist‹ mit Zukunft, aus der fragilen Erzählung wird erregendes Drama.«

Ebd. S. 217.

Auf ein weiteres konstitutives Element der narrativen Form von Hallers Aufzeichnungen, die erläuternden Gespräche, geht Helga Esselborn-Krumbiegel näher ein:

»Von zentraler Bedeutung für die Entwicklung des Helden wie für die Weltsicht des Romans sind [. . .] die die Handlung begleitenden und sie explizierenden Gespräche. Im ›Steppenwolf‹ wechseln Passagen, die die Erlebnisse Harry Hallers schildern, mit ausführlichen Gesprächsszenen, in denen einerseits das vorangegangene Geschehen gedeutet, andererseits die Weltsicht des Romans in der Variation der wichtigsten Gedankengänge entworfen wird. Indem die zentralen Themen des Romans in diesen Gesprächen von verschiedenen Perspektiven her beleuchtet werden, stellt sich eine Kontinuität in der Gedankenführung her, die es erlaubt, von einer eigenständigen Erzählschicht zu sprechen. Der Erlebnisebene korrespondiert so eine im Erzählgefüge gleichermaßen gewichtige Ebene der Reflexion, die die Deutung des Geschehens leistet, die in anderen Romanen Aufgabe des Lesers ist. Während in Romanen mit geringerer pädagogisch-didaktischer oder philosophischer Intention die *Darstellung* der gedeuteten Wirklichkeit vorherrscht, macht sich in Hesses Texten die theoretische Erklärung und ausdrückliche Deutung gleichgewichtig geltend. Einerseits mindert die begleitende

Reflexion die Unmittelbarkeit des Dargestellten und bricht die auf den Handlungsablauf gerichtete Spannung, andererseits hebt gerade die Aktualisierung der Konflikte im Gespräch die Vergangenheitsdistanz des Erzählten auf und unterstreicht seine Gegenwärtigkeit und intersubjektive Gültigkeit. In den Gesprächen ist nämlich der Leser gleichsam als Augenzeuge mit gegenwärtig, wird er zum Nachvollzug der entworfenen Gedanken und Interpretationen aufgefordert.«

Helga Esselborn-Krumbiegel: Hermann Hesse. Der Steppenwolf. Interpretation. 2., überarb. und erg. Aufl. München: Oldenbourg, 1988. S. 41. – © 1988 R. Oldenbourg Verlag GmbH, München.

In ihrer Beurteilung der Sprache Hesses ist ESSELBORN-KRUMBIEGEL jedoch kritischer als etwa Mileck und stellt die stilistische Funktion einiger auffälliger erzählerischer Mittel Hesses in Frage:

»In Hesses Steppenwolf-Roman erleichtert die einfache Wortwahl sowie die Verwendung alltäglicher Redewendungen und umgangssprachlicher Formulierungen dem Leser die Lektüre, die ihn auch trotz ihres weltanschaulich-philosophischen Anspruchs in ihrer Gedankenführung nirgends überfordert. Dem vertrauten Vokabular wird jedoch im Aussagezusammenhang des Romans eine Bedeutsamkeit zugemessen, die weit über den Rahmen alltäglicher Kommunikation hinausgeht.«

Ebd. S. 54.

»Wie bereits in Hesses Frühwerk begegnen auch im ›Steppenwolf‹ Bildhäufungen und Begriffsdoppelungen. Anaphern und Parallelismen intensivieren auch hier das Mitfühlen und Mitleiden des Lesers [...]. Ob die Umschreibungen eines Phänomens durch mehrere Wörter mit ähnlichen, einander teilweise überlagernden Wortfeldern einer zunehmend exakteren Erfassung der Wirklichkeit oder eines gedanklichen Zusammenhangs dient oder als bloße wirkungsstei-

gernde Redundanz anzusehen ist, muß die Untersuchung des jeweiligen Textes erweisen. Doppelungen und Sentenzen lassen jedenfalls das angestrengte Bemühen des Autors erkennen, trotz aller Unsicherheit bei der möglichst genauen Erfassung der Wirklichkeit in unmißverständlicher Klarheit seine Sicht und seine Deutung des Erzählten zu vermitteln. So läßt sich in Harry Hallers Ausbruch gegen das Bürgertum durchaus noch der Versuch sehen, seinen Abscheu möglichst genau *und* eindringlich auszusprechen: ›Denn dies haßte, verabscheute und verfluchte ich von allem doch am innigsten: diese Zufriedenheit, diese Gesundheit, Behaglichkeit, diesen gepflegten Optimismus des Bürgers, diese fette gedeihliche Zucht des Mittelmäßigen, Normalen, Durchschnittlichen‹ [31]. In den Stimmungs- und Gefühlsbildern dagegen bewirken die Begriffspaare keine Präzisierung mehr, sondern verstärken lediglich die Impressionen [. . .].
Allerdings dient die mehrfache Umschreibung eines Phänomens [. . .] nicht allein der stärkeren Wirkung der Aussage, sondern läßt sich häufig auch als ein Versuch verstehen, dem vagen weltanschaulichen Hintergrund Konturen zu verleihen. ›Die Ewigkeit‹, ›das Reich des Echten‹, ›das Reich jenseits der Zeit und des Scheins‹, ›das heiligste Jenseits, das Zeitlose, die Welt des ewigen Wertes, der göttlichen Substanz‹: diese Formulierungen suggerieren eine Wertwelt, die nirgends konkretisiert wird.«

Ebd. S. 56–57.

Den Schlüsselsymbolen der Erzählung – Wolf, Spiegel, Blumen und Lachen – widmete David Artiss eine Untersuchung, deren Ergebnisse er folgendermaßen zusammenfaßt:

»Die Schlüsselsymbole im *Steppenwolf* haben eine viel weiterreichende und tiefergreifende thematische Bedeutung als man bislang vermutete. Der Wolf des Titels hat nicht nur metaphorische, sondern auch mythologische, psychoanalytische und philosophische Konnotationen. Er bezeichnet eine notwendige Stufe in Harry Hallers Entwicklung von Bestialität und Erniedrigung zur *Menschwerdung*, ein Vorgang, der – wie gezeigt wurde – bewußt auf den babylonischen *Gilgamesch*-Mythos anspielt [vgl. Kenneth Hughes, Hesse's Use of *Gilgamesh*-Motifs in the Humanization of Siddhartha and Harry Haller, in: Seminar 5 (1969), S. 129–140]. Indem er sein atavistisches Verlangen überwindet, zum Wolfs-Zustand zurückzukehren, muß Haller diesen schattenhaften Doppelgänger ein für allemal vertreiben. Blumen, die zunächst als zufällige Nebensächlichkeiten erscheinen, erweisen sich als sehr symbolbefrachtet, indem sie Hallers zerstörerische und widersprüchliche Impulse und die Ambivalenz der Existenz widerspiegeln: die Blumen des Lebens [hier: Orchideen, Kamelien – FV] stehen gleichzeitig für sinnliches Sich-Gehenlassen, die Rückkehr der Unschuld, die Suche nach Transzendenz und Androgynität, während der Lotus bedeutungsvoll auf die *Blaue Blume* der Romantiker anspielt. Transzendenz kann allein erreicht werden in schmerzhaft aufrichtiger *Selbstschau* vermittelt durch Spiegel: Glas, Menschen, Erfahrung und den *Tractat*. Das Zerfallen der Persönlichkeit ist der erste Schritt auf dem Weg zur wahren Selbsterkenntnis, Vorbereitung zur schließlichen Integration, für die die Unsterblichen stehen. Aber der abschließende Vorgang der Erleuchtung kann nur im Sinne Nietzsches erreicht werden durch die Annahme einer olympischen Philosophie des Humors, die es einem ermöglicht, Ernsthaftigkeit leicht zu nehmen und über die eigene Verzweiflung zu lachen. Dieser ganze Vorgang wird im Magischen Theater widergespiegelt.«

David Artiss: Key Symbols in Hesses's »Steppenwolf«. In: Seminar 7 (1971) S. 100. [Übers. vom Hrsg.]

Das wichtigste dieser symbolischen Motive ist zweifellos das des Spiegels (vgl. Anm. zu 63,26), dessen Bedeutungsvielfalt und strukturelle Funktion Ralph Freedman in seinen Arbeiten zu Hesse dargelegt hat:

»Aus der Wechselwirkung zwischen der Krisis des Individuums und der unerschütterlichen Kontinuität des Geistes, nach der sich der Protagonist sehnt, ohne jedoch die ›Kälte‹ der Unsterblichen zu begreifen, entsteht die Spannung und ganz besondere Faszination des Buches.

Auf jeder der beiden genannten Ebenen verwandte Hesse mit Vorliebe die Metapher des Spiegels oder Zerrspiegels. Denn anders als das Abbild, das er bis Anfang der zwanziger Jahre als Hauptmedium einsetzte, konnte der Spiegel als ein Prisma für die vielschichtigen Elemente des Selbst fungieren und somit auch als ein Mittel, mit dem man auf einer neuen Stufe gewisse Absonderlichkeiten des individuellen Selbst so reflektieren, verarbeiten und wiederbeleben konnte, wie es allein der Prismenblick der Kunst ermöglicht. *Der Steppenwolf* ist voller Spiegel. [. . .]

Der interessanteste Einsatz des Spiegels geschieht jedoch strukturell. Ein Teil der Grundaussage des Buches wird uns in der aufklärenden Sprache des sogenannten Traktats vermittelt. [. . .] Form und Inhalt des Traktats sind allein auf Haller abgestimmt, so daß sich das Ganze als ein sprachliches Spiegelbild seiner Person erweist. Die unbekannten ›Verfasser‹ zeichnen darin in ziemlich überheblichen, ja satirischen Tönen ein genaues Abbild von Hallers innerstem Wesen. Als geheimnisvolle Autorität vergleichen sie mitleidslos sein ideales Selbst und Wunschbild mit dem realen, inadäquaten Ich, das er tatsächlich war. Die Szene, in der Haller niedersitzt und den Traktat über sich selbst zu lesen beginnt, erinnert übrigens wieder an eine bedeutsame Szene aus dem *Heinrich von Ofterdingen* [von Novalis], wo sich der Held in einer Einsiedlerklause auch in ein Buch vertieft und darin Bilder seiner eigenen Vergangenheit und Gegenwart, ja sogar verschwommene Andeutungen seiner Zukunft entdeckt. Diese Art der Betrachtung von Gedanken und Gefühlen, von intellektuellen und psychologischen Kämpfen in wirklichen und metaphorischen Spiegeln bildet den Grundansatz für Hesses Lösung seiner problematischen Aufgabe, die darin bestand, die Krisen des Lebens in Krisen der Kunst umzuwandeln. Sie erklärt aber auch die Bedeutung, die er seinen noch vor dem Roman entstandenen Gedichten beimessen mußte, und sein

Beharren darauf, daß der *Steppenwolf* nicht ohne diese Gedichte veröffentlicht werden sollte. In einer solchen Ganzheit nämlich hätte das Buch sich als ein noch verzwickteres Netzwerk von Spiegelbildern dargestellt, in denen die Momente aus Hesses Leben vor den Augen des Lesers zu Motiven seiner Kunst differenziert worden wären.«

Ralph Freedman: Hermann Hesse. Autor der Krisis. Eine Biographie. Frankfurt a. M.: Suhrkamp, 1982. S. 370–372. –

EGON SCHWARZ weist auf einige bedeutsame literarische Anspielungen hin. So verbinden einige motivliche und gedankliche Parallelen den *Steppenwolf* mit Rilke, besonders dessen *Duineser Elegien* (1923). Von zentraler Bedeutung aber sind die Bezüge zu Goethes *Faust* und *Wilhelm Meister*:

»Es ist natürlich alles andere als willkürlich, wenn man den *Steppenwolf* mit Goethe in Beziehung setzt. Zunächst erwähnt Harry Haller Goethe unter seinen Lieblingsautoren, und, was schwerer wiegt, sein entscheidender, zur endgültigen Entfremdung führender Zwist mit der bürgerlichen Welt entzündet sich an einem kommerziell verflachten Porträt Goethes, das zum Sinnbild für Hallers abweichendes Wertsystem wird. Ferner muß gesagt werden, daß die erbitterte Feindschaft zwischen der Bestie und dem Menschen, der Kampf des Steppenwolfs mit seinem zivilisierten Genossen auf Goethes ›Zwei Seelen wohnen, ach, in meiner Brust‹ beruht. Dieses bekannte Wort Goethes wird von Hesse ganz bewußt dem Konflikt unterlegt, und trotz aller Abwandlungen, denen er es unterwirft, ja der Ironie, mit der er es behandelt, bleibt es doch der Angelpunkt des Buches (›Tractat‹, [67]). Und schließlich erscheint Goethe selbst als handelnde Person in dem Roman, in einem Traum der Zentralgestalt allerdings, was jedoch in der traumhaften Atmosphäre des Ganzen seinem Auftreten umso größere Bedeutsamkeit verleiht. Mitten in der Krise, die Harry Haller erleidet, hat bloß ein Bezirk seine Gültigkeit bewahrt, der Bereich zeitloser, geistiger Leistung, bewohnt von Heroen des Schöpferischen, genannt ›die Unsterblichen‹. [. . .] Alles das legt es nahe, sich in seinen Werken nach möglichen Modellen für den Roman umzusehen.

Als erstes kommt zweifellos *Faust* in den Sinn, das Gedicht, dem das Motto von den zwei Seelen entnommen ist. Der Parallelen sind so viele und weitreichende, daß man mit Fug den *Steppenwolf* Hesses *Faust* nennen könnte. Haller ist zu Anfang der Handlung gleich Faust ein alternder Mann, der die gesamte intellektuelle Bildung der Zeit in sich aufgenommen hat. Beide sind aber von dem Erreichten tief enttäuscht, denn der eine, Faust, weiß nicht, ›was die Welt im Innersten zusammenhält‹, der andere, Haller, hat trotz aller seiner ›Bücher, Manuskripte, Gedanken‹ [32] die Bindung ›ans lebendige Herz der Welt‹ [34] verloren. Bei beiden ist die Folge davon bitterster Ekel am Leben, dem sie durch Selbstmord ein Ende zu bereiten gewillt sind. Sie werden aber vor der Selbstvernichtung durch das Eingreifen eines übernatürlichen Wesens bewahrt, mit dem sie ein das Verbotene bedenklich streifendes Abkommen treffen, einen an die abendländische Überlieferung gemahnenden Teufelspakt. Hermine, wie die mephistophelische Gestalt bei Hesse heißt, bezeichnet sich selbst als ›Kind des Teufels‹ [139]. Beide, Faust wie Haller, erleben es, daß sie von ihrem neuen Gefährten in jene Gebiete der menschlichen Existenz eingeführt werden, deren Kenntnis sie bislang zu ihrem Schaden vernachlässigt haben. Es handelt sich um die verwandten Sphären der täglichen Lebensbewältigung, der Liebe und der Sinnlichkeit. Um zu dieser Lehre besser tauglich zu sein, müssen sich beide einer sexuellen Verjüngungskur unterziehen. Hermine wird Harry lehren, ›zu tanzen und zu spielen und zu lächeln und doch nicht zufrieden zu sein‹ [139], und Faust gelobt: ›Dem Taumel weih ich mich, dem schmerzlichsten Genuß‹, und will es doch so einrichten, daß er sich dabei nicht in Zufriedenheit verliert. Für Faust ist ein Höhepunkt der Ausschweifung die Walpurgisnacht, für Harry Haller ein zur Walpurgisnacht stilisierter

Maskenball, wo er seine Mephistopheline in einer als ›Hölle‹ ausstaffierten Bar trifft [180]. Zu allem Überfluß hat Hesse noch eine seiner erzählerischen Schlüsselstrategien, die innere Identität aller agierenden Personen, dem Goetheschen Werk entlehnt und einen unmißverständlichen Hinweis auf die Quelle seiner Inspiration gegeben: ›In unserer modernen Welt gibt es Dichtungen, in denen hinter dem Schleier des Personen- und Charakterspiels [. . .] eine Seelenvielfalt darzustellen versucht wird. [. . .] Wer etwa den Faust auf diese Weise betrachtet, für den wird aus Faust, Mephisto, Wagner und allen andern eine Einheit, eine Überperson, und erst in dieser höhern Einheit, nicht in den Einzelfiguren ist etwas vom wahren Wesen der Seele angedeutet‹ [67].
Es wäre reizvoll, diesen Übereinstimmungen im einzelnen nachzugehen. Es muß aber hier genügen, das Zusammenfallen der großen Linien zu zeigen, zumal sich noch der Vergleich mit einem weiteren Werk Goethes empfiehlt, der dazu verhelfen soll, neue Schichten des *Steppenwolf* zu erschließen: *Wilhelm Meister.* Von einem Entwicklungsroman im herkömmlichen Sinn kann natürlich keine Rede sein. Schon ein flüchtiger Überblick überzeugt von dieser Unmöglichkeit. Der gleiche Blick enthüllt aber auch das Vorhandensein von vertrauten Zügen, deren vielfaches Zusammenwirken im Gesamtplan des *Steppenwolf* mehr auf Absicht als auf Zufall schließen läßt. Mit dem Auftauchen der Lichtreklame des Magischen Theaters hört es im *Steppenwolf* auf, ›mit rechten Dingen‹ zuzugehen. Was ist das ›Magische Theater‹? Gibt es im *Wilhelm Meister* etwas, was ihm irgendwie entspricht, was geeignet wäre, Licht in sein geheimnisvolles Wesen zu werfen? In der Tat findet sich in Goethes Roman geradezu das Vorbild für dieses Theater, dessen Boten wohltätig in Harrys verfahrenes Leben eingreifen und ihm behilflich sind, seinen Karren wieder in ein fahrbares Geleise zu bringen, um ihn dann wieder sich selbst zu überlassen, nicht etwa vollständig geheilt, aber doch ausgestattet mit einer neuen Erfahrung, einem Hoffnungsschimmer, wo ehedem nichts als Verzweiflung und Selbstmordgedanken waren. Es handelt sich um die

Turmgesellschaft, der im *Wilhelm Meister* eine ähnliche Funktion zufällt wie im *Steppenwolf* dem Magischen Theater. In beiden Romanen vertritt die Geheimgesellschaft eine Art überirdischer Ordnung oder wenigstens eine höhere, jenseits des beschränkten Einzellebens existierende Instanz. Wie im *Wilhelm Meister* wirkt auch im *Steppenwolf* eine mysteriöse Gemeinde von Personen, die ein wachsames Auge auf den im Dunkeln tappenden Helden haben. Auf unerforschliche Weise sind sie von seinen Nöten und Bedürfnissen unterrichtet, und wenn Verlassenheit und Ratlosigkeit aufs höchste gestiegen sind, dann schicken sie ihre Sendboten aus und lenken seine Schritte in eine günstigere Richtung. ›Sollten zufällige Ereignisse einen Zusammenhang haben?‹ fragt sich Wilhelm Meister staunend in der Stunde der Einweihung. Die Mitglieder des Geheimbundes besitzen unerklärliche Einsichten in die verstecktesten Winkel des Herzens. ›Nicht vor Irrtum bewahren, ist die Pflicht des Menschenerziehers sondern den Irrenden zu leiten, ja ihn seinen Irrtum aus vollen Bechern ausschlürfen zu lassen, das ist die Weisheit der Lehrer‹ sagt der Abbé, der auch einst Wilhelm in leichter Verkleidung begegnet war. Es gibt keinen Grund, warum nicht Pablo vom Magischen Theater diese Worte in einem seiner beschwingteren Momente hätte zu Harry sagen können. Dem Abbé, dem Fremden im Wirtshaus, dem Offizier entsprechen im *Steppenwolf* außer Pablo noch der Trauergast, den Harry auf dem Friedhof anspricht und von dem er zum *Schwarzen Adler* gewiesen wird, wo Hermine schon auf ihn wartet, der kleine rot und gelbe Teufel vom Maskenball, der ihm statt einer Garderobenummer eine Botschaft überreicht, und der Plakatträger, von dem er den eigenartigen, so tief in sein Leben hineinleuchtenden ›Traktat vom Steppenwolf‹ bekommt. Und dieser wieder hat offenbar in Wilhelms ›Lehrbrief‹ sein Gegenstück, wo ja auch die Summe eines Lebens gezogen wird. Vor allem aber gehört Hermine dazu. Daß sie im Einverständnis mit dem Magischen Theater steht, geht ja aus dem Ende eindeutig hervor, aber schon vorher hat sie anzüglicherweise Harry das Versprechen gegeben: ›Ich zeige dir mein kleines

Theater‹ [138], Worte auf die er wohl zunächst nicht achtet, die aber später ihre ganze Bedeutung enthüllen werden. Und daß sie sehr gut über die Natur und die Herkunft des geheimnisvollen Traktats Bescheid weiß, geht gerade aus ihren ausweichenden Antworten und ihrer Anstrengung hervor, ganz besonders unbefangen zu sein, als er sie danach fragt [125 f.]. Beide Sphären, die der Turmgesellschaft und die des Magischen Theaters, stellen eine höhere Warte vor als diejenige, auf welcher sich das manifeste Geschehen abspielt. Von ihr aus gesehen ergibt sich eine neue Perspektive auf das tastende, irrende, richtungslose Suchen der Zentralgestalten. Ohne sie wäre deren Leben bedeutungslos, ja wahrhaft widersinnig, dank ihr ordnen sich aber sogar ihre Fehler in das Schema einer höheren Entwicklung. Der Begriff Entwicklung rührt jedoch an ein Problem. Denn gerade der mit diesem Begriff verbundene Gedanke scheint in jedem der beiden Werke ganz verschieden zu sein. Schließlich ist der wichtigste Zug in einem Entwicklungsroman die allmähliche Entfaltung eines ungeweckten Jünglings, der sich, anfangs ein Spielball der Umstände, zu einem reifen erprobten Menschen wandelt, indem er den Einflüssen der Epoche ausgesetzt wird und aus ihnen, dem Gesetz seines Wachstums gehorchend, nur die ihm zuträglichen Elemente aufnimmt. Sobald man aber die Idee des Entwicklungs- oder Bildungsromans so formuliert, wird deutlich, daß der *Steppenwolf* das vorgeschriebene Schema zwar nicht gradlinig erfüllt, aber dennoch in einer starken Beziehung dazu steht. Es läßt sich nämlich ohne weiteres sagen, der *Steppenwolf* sei freilich ein Entwicklungsroman, aber ein auf den Kopf gestellter. Es darf nicht außer acht gelassen werden, daß die bürgerliche Welt mit ihrer Begrenztheit und ihren Bestrebungen von zentraler Bedeutung für die beiden Romane ist, welche hier verglichen werden, bloß daß derjenige Goethes den Beginn, der Hesses das Ende der bürgerlichen Epoche bezeichnet. [. . .] Nicht mehr kann der Held ein hoffnungsvoller Jüngling sein, der zwar unerfahren ist, aber dank seiner Gaben einer erfüllten Zukunft entgegensehen darf. Nein, viel treffender ist es, ihn als alternden Mann zu gestalten, dessen Gicht die perfekte äußere Entsprechung für sein ungesundes, halb gehemmtes, halb gelähmtes Innenleben darstellt. Seine Aufgabe kann es nicht gut sein, eine nach der anderen die bildenden Kräfte seines Zeitalters zu erproben und in sich aufzunehmen. Dies hat er alles längst hinter sich. [. . .] Und so muß er umlernen, eins ums andere die Dinge abstreifen und vergessen, wenigstens zeitweise, die ihn sein Leben, die ihn umgebende Kultur gelehrt haben, sich von den Giftstoffen befreien, die er in sich angesammelt hat. Dadurch soll sich seine im Grunde gesunde Natur erholen, wieder jung und sinnenfreudig werden und das Versäumte, das leichte, erotische Leben nachholen. Er muß eine Rück-Bildung, eine Entwicklung in umgekehrter Richtung durchmachen.«

Egon Schwarz: Hermann Hesse: Der Steppenwolf. In: Paul Michael Lützeler (Hrsg.): Deutsche Romane des 20. Jahrhunderts. Königstein i. Ts.: Athenäum, 1983. S. 135–138.

Schon in den Rezensionen der Erzählung wurde der Einfluß Nietzsches und der Psychoanalyse, vor allem der C. G. Jungscher Prägung angesprochen und bis heute in der Forschungsliteratur immer wieder kritisch beleuchtet, so etwa von Hans Hinterhäuser:

»Die Nietzschenachfolge unseres ›Repräsentanten eines europäischen Humanismus‹ (wie seine Bewunderer Hesse gerne nennen) ist noch nicht genügend betont und verstanden worden. Im *Steppenwolf* wimmelt es von Zitaten und deutlichen Anspielungen, aber auch von verwischten und dennoch leicht kenntlichen Spuren des Meisters: man denke an den Gegensatz zwischen dem ›königlichen Menschen‹ und der Herde, an die Verwerfung der Demokratie, an die Auffassung des Menschen nicht als eines bereits erschaffenen Wesens, sondern als Forderung des Geistes, einer fernen, ebensosehr ersehnten wie gefürchteten Möglichkeit, und schließlich an gewisse kulturkritische Momente (einschließlich des gegen

die deutsche Bildungsschicht erhobenen Vorwurfs, sie habe die Vernunft verraten, indem sie der auflösenden Magie der Musik erlegen sei).
Was das psychoanalytische Element betrifft, so muß der therapeutische Sinn des Magischen Theaters hervorgehoben werden. Aber der ganze Roman fordert zur systematischen psychoanalytischen Deutung heraus, die, wie wir meinen, allein imstande ist, die bilderstürmerische Aggressivität Hallers zu erklären oder die Anziehung, die für ihn von der hermaphroditischen Gestalt der Hermine ausgeht, oder auch die Darstellung Hallers als ›Überperson‹, von dem Hermine, Pablo und Maria bloße Ausstrahlungen zu sein scheinen. Und der Humor sowie das Lachen, die am Ende mit Eindringlichkeit als Lösung und Überwindung der Konflikte angeboten werden – was sind sie anders als die [. . .] angestrebte Synthese von Vernunft und Glück im Bereich der Freiheit und des Spiels? Zweifellos ist die Objektivierung romantischer Motive mit Hilfe der tiefenpsychologischen Erkenntnisse und Theorien Hesses Gewissensverwahrung gegenüber der Romantik, was ihn von den unreumütigen deutschen Romantikern seiner Zeit trennt.«

Hans Hinterhäuser: Hermann Hesse: Steppenwolf. In: G. Baioni [u. a.] (Hrsg.): Il Romanzo tedesco del novecento. Turin 1973. S. 185–197. Dt. zit. nach: Schwarz. S. 221 f.

An Arbeiten früherer Interpreten anknüpfend geht der sowjetische Literaturwissenschaftler Reso Karalaschwili in seiner Interpretation konsequent von einem tiefenpsychologischen Verständnis der Erzählung aus, wobei er diesen Ansatz besonders für die Deutung der Schlußteile, den Maskenball und das »Magische Theater«, fruchtbar macht:

»Die Geschichte Harry Hallers kann, im Grunde genommen, in einer knappen Formulierung zusammengefaßt werden – es ist die Geschichte des Herauswachsens des Menschen aus seiner äußeren Hülle, die Geschichte seiner Begegnung mit dem

Unbewußten und der stufenweisen Annäherung an das Ideal der Unsterblichkeit, die das Ziel der Selbstverwirklichung ist. Dabei führt die Erlangung dieses Ideals, das auch als der ›innere Mensch‹ oder das Selbst bezeichnet werden kann, unweigerlich zum Tod des ›äußeren Menschen‹; ja dieser Tod und der endgültige Verzicht auf die eigene individuelle Hülle sind sogar die unerläßliche Vorbedingung des erfolgreichen Verlaufes der Individuation, ›denn alle hochgetriebene Individuation‹, das wissen wir aus dem Roman, ›kehrt sich gegen das Ich und neigt wieder zu dessen Zerstörung‹. Es ist daher nur logisch, insofern es im Roman um die Menschwerdung Hallers geht, daß die wichtigste Aufgabe, die ihm gleich vom Anfang an auferlegt wird, darin besteht, sich vom eigenen Ich zu trennen und aufzuhören, ein ›mediokrer Mensch der Bürgerkonvention‹ zu sein. Bereits das ›Tractat‹ belehrt Haller, daß ›das verzweifelte Hängen am Ich, das verzweifelte Nichtsterbenwollen der sicherste Weg zum ewigen Tod ist, während Sterbenkönnen, Hüllenabstreifen, ewige Hingabe des Ichs an die Wandlung zur Unsterblichkeit führt‹.«

Reso Karalaschwili: Hermann Hesses Romanwelt. Köln/Wien: Böhlau, 1986. S. 91. –

»Dieser Tod des mediokren Menschen Haller, der endgültige Abbruch jeglicher Verbindung mit dem rudimentär entwikkelten Ich der Person findet im Rausch des Maskenballs statt, der den Helden zur weiteren Metamorphose im Magischen Theater vorbereitet. Dabei ist es durchaus kein Zufall, daß Hesse als ein eigenartiges ›Fegefeuer‹ und Läuterungsmittel, die seinen Helden für künftige Erlebnisse empfänglich machen sollen, das fröhlich-trunkene Gewühl des Festes und des Karnevals wählte.«

Ebd. S. 93.

»Hallers Abstieg zum körperlich-materiellen Unten, seine Auflösung in der absoluten Sinnlichkeit erreichen ihren Tiefpunkt im Tanz, gleichwie auch Fausts Tanz mit der jungen

Hexe dessen maximales Hinabgleiten ins Laster bedeutet. [...]
Während des Maskenballs löst sich Haller völlig im Rausch des Tanzes auf. Er kennt keine Pause, keine Unterbrechung – er tanzt mit dieser oder jener, er erobert und wird erobert, er verführt und bezaubert, geht auf in dem sinnverwirrenden Reigen der Masken, atmet den süßen Duft der Musik, des Weines und der Begierde und beschließt dann diese wollüstige Orgie mit einem Tanz mit Hermine [...].
Hallers Tanz mit Hermine wird im Roman als ›Hochzeitstanz‹ bezeichnet. Nur geht es hier natürlich um keine gewöhnliche Hochzeit, sondern um eine ›chymische‹, welche die polaren Gegensätze in eine höhere hermaphroditische Einheit vereint.«

Ebd. S. 97.

»Der hermaphroditische Charakter des Hochzeitstanzes wird auch durch die rein äußere Bildhaftigkeit der Szene mehrfach betont. Bezeichnend ist in diesem Zusammenhang schon der Umstand, daß Hermine zum Maskenball im Herrenkleid erscheint, was ganz eindeutig auf die androgyne Wesensart dieser Figur hinweist. Man erinnert sich dabei, daß dieses Zweigeschlechtliche in Hermines Wesen Haller bereits bei der ersten Begegnung mit ihr auffiel, als sie ihn an seinen Jugendfreund Hermann erinnerte. Hier in der Maskenball-Szene wird das Motiv, das eine literarische Parallele in Hans Castorps Beziehung zu Clawdia Chauchat und seinem Schulkameraden Prisbislav Hippe in Thomas Manns ›Der Zauberberg‹ hat, erneut aufgegriffen und erfährt eine noch tiefere Durchgestaltung. Es wird immer offensichtlicher, daß Hermine den weiblichen Psychenanteil Hallers verkörpert und ihm als sein Seelenbild, als seine Anima entgegentritt.
Die Begegnung mit dem eigenen Seelenbild ist laut Jung ein unerläßlicher Bestandteil des Individuationsprozesses. Sie markiert eine grundsätzliche Änderung in der psychischen Einstellung des Menschen, der von nun an sein ganzes Interesse dem Inneren zuwendet. Da aber das Innere unbewußt ist

und sich zum Bewußtsein komplementär verhält, kann es nicht anders als am andersgeschlechtlichen *Anderen* erlebt werden, der zur Projektionsfigur der Seele wird und ihre Eigenschaften darstellt.
Eine solche Projektionsfigur ist für Haller Hermine. Seine Aufgabe besteht nun darin, diese Anima-Figur aus einem autonomen Komplex in eine Funktion seiner Beziehung zum Unbewußten zu verwandeln. Künstlerisch wird dieser Vorgang durch Hallers Hochzeitstanz zum Ausdruck gebracht, wobei es bei dieser Vermählung ganz eindeutig um eine psychische conjunctio, um eine hermaphroditische Vereinigung mit dem Andersgeschlechtlichen sowohl im Raum der eigenen Innenwelt als auch mit dessen Projektion in der Außenwelt geht.«

Ebd. S. 99 f.

»Doch ist der *eigentliche* Romanschluß im ›Steppenwolf‹, mit dem die Erzählung endgültig ausklingt und das Geschehen in eine Reihe von Bildern festgebannt wird, zweifellos das Magische Theater.«

Ebd. S. 102.

»Das Magische Theater ist aber nicht nur ein Bildersaal der Seele, zur bloßen Betrachtung eingerichtet, sondern auch eine Schule und Anleitung zur Menschwerdung. So wie Mozart und Pablo auf einer höheren Stufe eins sind, so sind im Selbst auch Wolf und Mensch eins. Dieses Selbst, der Unsterbliche zu werden, in dem alle Gegensätze aufgehoben sind, ist das letzte Ziel der Menschwerdung, die vor Haller das Magische Theater und der ›Tractat‹ aufstellen.
Ich sage das ›letzte‹ Ziel, und der ›Tractat‹ spricht von ›ferner Möglichkeit‹. Denn weder der anonyme Verfasser des ›Tractats‹ noch Pablo erwarten von Haller, daß er dieses Ziel auch wirklich erreicht. Die Aufgabe, die dem Protagonisten im Magischen Theater zugewiesen wird, ist eine viel bescheidenere. Pablo, der ihn in seine ›Schule des Humors‹ einführt, fordert von Haller nichts anderes, als daß er die Kunst des La-

chens erlernt. In Hesses Auffassung aber, das wissen wir, ist der Humor ›eine luftige Brücke‹ ›zwischen Pol und Gegenpol‹, ›zwischen Wirklichkeit und Ideal‹, er ist der Ausdruck einer solchen psychischen Einstellung, die auf einer anderen Ebene das Zusammenspiel von entgegengesetzten Polen ermöglicht.

Nur erweist sich Haller auch dieser Aufgabe nicht gewachsen. Trotz Pablos Mahnung, aller höhere Humor fange damit an, daß man die eigene Person nicht mehr ernst nehme, gelingt es ihm nicht, sein eigenes Ich soweit abzustreifen, daß er die neben dem dunkeläugigen Saxophonbläser liegende Hermine hätte leidenschaftslos betrachten können. Haller ersticht sie, da er die Bilderwelt des Magischen Theaters mit der Wirklichkeit verwechselt und deshalb nicht wissen kann, daß Hermine, die sein Seelenbild verkörpert, wenn sie schon eine Ehe einzugehen hat, sie nur mit seinem Selbst (also mit Pablo-Mozart) als mit dem bewußten Ich eingehen kann, das Haller den Spielregeln des Theaters zuwider immer noch bleibt. Dieses Ich ist es, das auf Hermines ›Untreue‹ statt mit Humor mit dürrem Ernst reagiert und den Helden in den Mord verstrickt.

Haller verläßt das Theater mit dem Vorsatz, wieder zurückzukehren und das Figurenspiel besser zu spielen. ›Einmal würde ich das Figurenspiel besser spielen. Einmal würde ich das Lachen lernen, Pablo wartete auf mich. Mozart wartete auf mich‹ – mit diesen Worten klingt der Roman aus.

Der Roman klingt aus, aber endet nicht. Vielmehr bleibt er völlig unabgeschlossen und offen. Man klappt das Buch mit dem Gefühl zu, daß sich da eigentlich nichts zugetragen hat, daß der Held zum Schluß der Erzählung an derselben Stelle bleibt, wo man ihm am Anfang begegnet ist, daß ihm noch bevorsteht, alles von vorn anzufangen. Und solch eine Offenheit und Unabgeschlossenheit des Endes ist nahezu für die gesamte Epik Hesses kennzeichnend.

Bereits ›Demian‹ wies ein derartig offenes Ende auf. C. G. Jung schrieb diesbezüglich dem Verfasser kurz nach dem Erscheinen des Romans: ›Ihr Buch hat ein bestmögliches Ende, nämlich da, wo alles vorausgegangene auch wirklich ein Ende hat, und wo alles das wiederum beginnt, womit das Buch begonnen hat . . .‹«

Ebd. S. 104–106.

Auf einen bislang wenig beachteten Aspekt von Hesses Kulturkritik weist HANS MAYER hin:

»Wer bei Hesse, wie nachzulesen in der überwiegenden Sekundärliteratur, den epigonal-klassizistischen und neuromantischen Lebens- und Werkkomplex isoliert, mißversteht zugunsten einer gebildeten Innerlichkeit, deren Qualen und politische Gefahren just Hermann Hesse in seinen Essays, Briefen, gerade auch im *Glasperlenspiel* und schon vorher in der *Morgenlandfahrt*, fast zornig denunziert hatte. [. . .]
All diese Interpreten nämlich haben, ganz wie Harry Haller, den *Tractat vom Steppenwolf* nicht genau gelesen, der freilich das Motto trägt: ›Nur für Verrückte‹. Im *Tractat* aber ist von den Identitätsvorstellungen Hallers nur insoweit die Rede, als sie einen *typischen* gesellschaftlichen Fall demonstrieren: den bürgerlichen Zweiseelenmenschen einer läppischen *Faust*-Nachfolge. Bürgerlicher Dualismus aus Alltag und Feiertag; aus Subordination im Beruf und autoritärem Gehabe in den eigenen vier Wänden; aus Stammtisch und Hausmusik. Das ist von Hesse durchaus nicht [. . .] als Katechismus eines ›deutschen Menschen‹ fehlinterpretiert, sondern richtig gedeutet als Verdinglichungsvorgang des bürgerlichen Heldenlebens. Haller mag ein ›faustischer Deutscher‹ sein, allein Hesse ist es nicht. Im Gegenteil analysiert er kühl, warum der Steppenwolf nicht reich ist in seiner Seele, sondern verarmt, und warum das Magische Theater ihm *nicht* helfen kann, neue Möglichkeiten seines Ich zu entdecken. Es sei denn, man wäre imstande, die im Theater und mit Hilfe der Magie gewonnene Einsicht in die eigenen Möglichkeiten nunmehr im bürgerlichen Alltag zu nutzen: im Durchschauen der gesellschaftlichen Verfremdung.
Geschieht das nicht (das ist die vielleicht bitterste und auch

heilsamste These im *Tractat vom Steppenwolf*), dann werden die Harry Hallers zu *Bollwerken der Bürgerwelt*, die man folglich brauchen kann und hätschelt. Ebenso nüchtern und beißend, wie Hesse in seinen Beschreibungen des anarchistischen modernen Verkehrswesens und der moribunden Weimarer Republik vorgegangen war, deutete er auch die Funktion der Hallers beim Weiterbestand der modernen Bourgeoisie. Es handelt sich hier, wie erinnert sei, um einen Text, der im Juni 1927 zuerst gelesen werden konnte: vor nunmehr fünfzig Jahren. Der Traktatschreiber geht von der Einsicht aus, die bürgerliche Gesellschaft sei längst nicht mehr lebensfähig. Dennoch lebt der Bürger weiter: ›Wie ist das möglich? Weder die große Zahl seiner Herde, noch die Tugend, noch der common sense, noch die Organisation wären stark genug, ihn vor dem Untergang zu retten. Wessen Lebensintensität von vornherein so sehr geschwächt ist, den kann keine Medizin der Welt am Leben erhalten. Und dennoch lebt das Bürgertum, ist stark und gedeiht.‹

Die Sätze wirken wie eine Antizipation von heutigen Formulierungen Ernst Blochs, der erklärte: er beginne allmählich, sich für das merkwürdige Phänomen des permanent sterbenden Kapitalismus zu interessieren.

›Warum?‹, fragt weiter der *Tractat vom Steppenwolf*, um sogleich auch selbst die Antwort zu geben: ›Die Antwort lautet: wegen der Steppenwölfe. In der Tat beruht die vitale Kraft des Bürgertums keineswegs auf den Eigenschaften seiner normalen Mitglieder, sondern auf denen der außerordentlich zahlreichen outsiders, die es infolge der Verschwommenheit und Dehnbarkeit seiner Ideale mit zu umschließen vermag.‹

Denkt man dies zu Ende, so enthüllen sich die steppenwölfischen und mit ihnen die meisten außenseiterischen Lebensläufe, mitsamt den Trips und Eskapaden eines Magischen Theaters, als *Garantien für die gesellschaftliche Nichtveränderung*. Das künstliche Paradies und alle Arten des Magischen Theaters dürfen *nicht* als Gegenwelt zum schlechten Sein gedeutet werden, sondern wirken als Ferment seines Weiterbestandes: als Integrationshilfe. [. . .]

Damit aber wird der *Steppenwolf* zu einem *Buch der Warnung*, und das Magische Theater zu einer gesellschaftlichen Gefahr: nicht wegen der Getränke und Rauchwaren, sondern *wegen der unernsten Spielerei von Bürgern mit der Unbürgerlichkeit*. Eben dieser wichtigste Aspekt des *Steppenwolf* aber: daß die Bürgerwelt fortwirken darf dank der Steppenwölfe, ist bis heute am wenigsten verstanden worden.«

Hans Mayer: Hermann Hesse und das Magische Theater. In: Jahrbuch der deutschen Schillergesellschaft 21 (1977) S. 526–529. – Mit Genehmigung von Hans Mayer, Tübingen.

Klaus von Seckendorff unternimmt in seinem Buch den, wie er meint, längst überfälligen Versuch einer grundlegenden Revision des fatalen Hesse-Mythos und unterzieht die von ihm als reaktionär erkannte »Ideologie der Selbstverwirklichung« (135) Hesses einer geradezu vernichtenden Kritik; entsprechend negativ wird hier auch der *Steppenwolf* gedeutet:

»In Hesses wichtigstem Roman ist der Irrsinn einer ›Emanzipation‹ durch Zerstörung des Selbst in allen seinen Momenten dargestellt: Harrys Weg führt über die ›produktive‹ Verzweiflung angesichts der leidvollen ›Erziehung des Lebens‹ zum angestrebten Bekenntnis zu einer ›Gegenwelt‹, zum Glauben an einen hinter der Wirklichkeit verborgenen Sinn, der ihm erlauben soll, die Verstrickung in das ›Hassenswerte‹ der Welt mit einem erhabenen Lächeln zu quittieren. Im Spektrum des Magischen Theaters fehlt die dazu nötige Menschenverachtung ebenso wenig wie die Zerstörung der Liebe um ihrer kompensierenden Funktion willen. Die Notwendigkeit gegen den eigenen Verstand vorzugehen, ist ebenso aufgenommen wie die Qual eines Kampfes gegen alle Bedürfnisse der Umwelt gegenüber.«

Klaus von Seckendorff: Hermann Hesses propagandistische Prosa. Selbstzerstörerische Entfaltung als Botschaft in seinen Romanen vom »Demian« bis zum »Steppenwolf«. Bonn: Bouvier, 1982. S. 106. –

»Der ›Steppenwolf‹ ist die als Auseinandersetzung in der bürgerlichen Welt ausgegebene Feier distanzierter Affirmation des Lebens als Schicksal von verborgener Seinstiefe. Der Roman lebt von Erörterungen dieses Ideals von einem abstrakt behaupteten Sinn durch und für prinzipiell Gleichgesinnte. Sein bescheidener Reiz erschöpft sich wesentlich in der auf (noch nicht einmal allzu) verschiedene Rollen verteilten Behauptung, daß das Leben hinter seiner zu vernachlässigenden Fassade bürgerlicher Unkultur einen eigentlichen Wert habe, sobald man an diesen zu glauben gewillt ist.«

Ebd. S. 112.

VII. Literaturhinweise

Abgekürzt zitierte Titel:

Br.	Hermann Hesse: Gesammelte Briefe. In Zsarb. mit Heiner Hesse hrsg. von Ursula und Volker Michels. 4 Bde. Frankfurt a. M.: Suhrkamp, 1973–86.
GW	Hermann Hesse: Gesammelte Werke in zwölf Bänden. Frankfurt a. M.: Suhrkamp, 1970.
Mat.	Michels, Volker (Hrsg.): Materialien zu Hermann Hesses »Der Steppenwolf«. Frankfurt a. M.: Suhrkamp, 1972.
Mileck	Mileck, Joseph: Hermann Hesse. Biography and Bibliography. 2 Bde. Berkeley / Los Angeles / London: University of California Press, 1977.
Schwarz	Schwarz, Egon (Hrsg.): Hermann Hesses »Steppenwolf«. Königstein i. Ts.: Athenäum, 1980.

1. Ausgaben

Der Steppenwolf. Berlin: S. Fischer, 1927. [Erstausgabe.]

Der Steppenwolf. Erzählung. Zürich: Büchergilde Gutenberg, [1942]. [Mit »Nachwort des Verfassers«.]

Der Steppenwolf. Berlin: Suhrkamp vorm. S. Fischer, 1947.

Der Steppenwolf. Zürich: Fretz & Wasmuth, [1949].

Der Steppenwolf. Berlin: Suhrkamp, 1952.

Gesammelte Dichtungen. 6 Bde. Frankfurt a. M.: Suhrkamp, 1952. [»Der Steppenwolf« in Bd. 4.]

Gesammelte Schriften. 7 Bde. Frankfurt a. M.: Suhrkamp, 1957. [»Der Steppenwolf« in Bd. 4.]

Der Steppenwolf. Berlin: Aufbau-Verlag, 1963.

Gesammelte Werke in zwölf Bänden. Frankfurt a. M.: Suhrkamp, 1970. [»Der Steppenwolf« in Bd. 7.]

Der Steppenwolf. Frankfurt a. M. / Wien / Zürich: Büchergilde Gutenberg, 1972. [Mit Anhang »Gedichte und Prosa aus dem Umkreis des Steppenwolf« und einem Essay »Hermann Hesse, der distanzierte Deutsche« von Volker Michels.]

Der Steppenwolf. Erzählung. Frankfurt a. M.: Suhrkamp, 1974 (suhrkamp taschenbuch. 175.)

Der Steppenwolf. Erzählung. Mit Zeichnungen von Gunter Böhmer. Frankfurt a. M.: Suhrkamp, 1981.

2. Verfilmung, Tonaufnahmen

Der Steppenwolf. Drehbuch und Regie: Fred Haines. (Harry Haller: Max von Sydow; Hermine: Dominique Sanda). Produktion: Melvin Fishman und Richard Herland. 1974.
Der Steppenwolf. Tractat vom Steppenwolf (Auszug). Gedichte. Sprecher: Helmut Griem / Gert Westphal. Deutsche Grammophon 3321117. o. J.
Der Steppenwolf. Gesamtaufnahme in 5 Musikkassetten. Sprecher: Will Quadflieg. Deutsche Grammophon 419982-4. 1987.

3. Briefe, Autobiographische Zeugnisse

Hermann Hesse: Briefe. Erw. Ausg. Frankfurt a. M.: Suhrkamp, 1964.
Hermann Hesse: Gesammelte Briefe. In Zsarb. mit Heiner Hesse hrsg. von Ursula und Volker Michels. 4 Bde. Frankfurt a. M.: Suhrkamp, 1973–86.
Hermann Hesse – Thomas Mann. Briefwechsel. Hrsg. von Anni Carlsson. Frankfurt a. M.: Suhrkamp / S. Fischer, 1968.
Hermann Hesse – Peter Suhrkamp. Briefwechsel 1945–1959. Hrsg. von Siegfried Unseld. Frankfurt a. M.: Suhrkamp, 1969.
Hesse, Ninon (Hrsg.): Kindheit und Jugend vor Neunzehnhundert. Hermann Hesse in Briefen und Lebenszeugnissen. Bd. 1: 1877 bis 1895. Frankfurt a. M.: Suhrkamp, 1966. Bd. 2: 1895–1900. Fortges. und erw. von Gerhard Kirchhoff. Ebd. 1978.

4. Bilddokumente, Kataloge

Hermann Hesse 1877–1977. Stationen seines Lebens, des Werkes und seiner Wirkung. [Ausstellungskatalog.] München 1977.
Zeller, Bernhard: Hermann Hesse. Eine Chronik in Bildern. Erw. Aufl. Frankfurt a. M. 1977.
Michels, Volker (Hrsg.): Hermann Hesse. Sein Leben in Bildern und Texten. Frankfurt a. M. 1979. – Taschenbuchausg.: Frankfurt a. M. 1987.
Michels, Volker / Rathgeber, Paul / Würzbach, Eugen: Hermann Hesse 1877–1962. Marbach a. N. 1990. (Marbacher Magazin. 54.)

5. Bibliographien

Bareiss, Otto: Hermann Hesse. Eine Bibliographie der Werke über Hermann Hesse. 2 Tle. Basel 1962–64.

Koester, Rudolf: Hermann Hesse. Stuttgart 1975. (Sammlung Metzler. 136.)

Mileck, Joseph: Hermann Hesse. Biography and Bibliography. 2 Bde. Berkeley / Los Angeles / London 1977.

Pfeifer, Martin: [Bibliographie der Primär- und Sekundärliteratur zu »Der Steppenwolf« bis 1972]. In: Mat. S. 405–418.

– Hermann-Hesse-Bibliographie. Primär- und Sekundärschrifttum in Auswahl. Berlin 1973.

Unseld, Siegfried: Hermann Hesse, eine Werkgeschichte. Frankfurt a. M. 1973. – Erw. Ausg. 1985 u. d. T.: Hermann Hesse. Werk und Wirkungsgeschichte. – Taschenbuchausg.: Frankfurt a. M. 1987.

6. Gesamtdarstellungen

Apel, Ursula (Hrsg.): Hermann Hesse. Personen und Schlüsselfiguren in seinem Leben. Ein alphabetisches annotiertes Namensverzeichnis mit sämtlichen Fundstellen in seinen Werken und Briefen. 2 Bde. München / London / New York 1989.

Arnold, Heinz Ludwig (Hrsg.): Hermann Hesse. 2., erw. Aufl. München 1983. (Text + Kritik. 10/11.)

Ball, Hugo: Hermann Hesse. Sein Leben und sein Werk. Berlin 1927. – Taschenbuchausg.: Frankfurt a. M. 1977.

Baumann, Günter: Hermann Hesses Erzählungen im Lichte der Psychologie C. G. Jungs. Rheinfelden / Freiburg / Berlin 1989.

Bauschinger, Sigrid / Reh, Albert (Hrsg.): Hermann Hesse. Politische und wirkungsgeschichtliche Aspekte. Bern 1986.

Böttger, Fritz: Hermann Hesse. Leben, Werk, Zeit. Berlin 1974. 7., veränd. Aufl. Berlin 1990.

Boulby, Mark: Hermann Hesse. His Mind and Art. Ithaca (N. Y.) 1967.

Casebeer, Edwin F.: Hermann Hesse. New York 1972.

Field, Georg Wallis: Hermann Hesse Kommentar zu sämtlichen Werken. Stuttgart 1977.

Freedman, Ralph: The Lyrical Novel. Studies in Hermann Hesse, André Gide, and Virginia Woolf. Princeton 1963.

– Hermann Hesse. Autor der Krisis. Eine Biographie. Frankfurt a. M. 1982.

Gajek, Bernhard: Beobachtungen zu Hermann Hesses Wirkung in den USA. In: Zeitschrift für deutsche Studien (1982/83) H. 3. S. 35 bis 51.

Hsia, Adrian: Hermann Hesse und China. Darstellung, Materialien und Interpretation. Frankfurt a. M. 1974.

– (Hrsg.): Hermann Hesse im Spiegel der zeitgenössischen Kritik. Bern / München 1975.

– (Hrsg.): Hermann Hesse heute. Bonn 1980.

Karalaschwili, Reso: Hermann Hesses Romanwelt. Köln / Wien 1986.

Karstedt, Claudia: Die Entwicklung des Frauenbildes bei Hermann Hesse. Frankfurt a. M. / Bern / New York 1983.

Khera, Astrid: Hermann Hesses Romane der Krisenzeit in der Sicht seiner Kritiker. Bonn 1978.

Lämmert, Eberhard: Hermann Hesse – Einzelgänger für Millionen. In: Jahrbuch der Deutschen Schillergesellschaft 21 (1977) S. 533 bis 542.

Leary, Timothy: Dichter der Reise nach innen. In: T.L.: Politik der Ekstase. Hamburg 1970. S. 164–179.

Lüthi, Hans Jürg: Hermann Hesse. Natur und Geist. Stuttgart 1970.

Mendelssohn, Peter de: Repräsentanz des Außenseiters. Hermann Hesse wider seine Zeit. In: P. d. M.: Von deutscher Repräsentanz. München 1972. S. 239–337.

Michels, Volker (Hrsg.): Über Hermann Hesse. 2 Bde. Frankfurt a. M. 1976–77.

Middell, Eike: Hermann Hesse. Die Bilderwelt seines Lebens. Frankfurt a. M. 1975.

Mileck, Joseph: Hermann Hesse. Dichter, Sucher, Bekenner. Biographie. Aus dem Amerikan. übers. von Jutta und Theodor A. Knust. München 1979. – Taschenbuchausg.: Frankfurt a. M. 1987.

Pfeifer, Martin (Hrsg.): Hermann Hesses weltweite Wirkung. Internationale Rezeptionsgeschichte. 2 Bde. Frankfurt a. M. 1977 bis 1979.

Pfeifer, Martin: Hesse-Kommentar zu sämtlichen Werken. München 1980. – Überarb. und erw. Neuausg. Frankfurt a. M. 1990.

Schneider, Christian Immo: Hermann Hesse. München 1991.

Seidlin, Oskar: Hermann Hesse. The exorcism of the demon. In: Symposion 4 (1950) S. 325–348.

Stelzig, Eugene L.: Hermann Hesse's fictions of the self: autobiography and the confessional imagination. Princeton 1989.

Stolte, Heinz: Hermann Hesse. Weltscheu und Lebensliebe. Hamburg 1971.

Zeller, Bernhard: Hermann Hesse in Selbstzeugnissen und Bilddokumenten. Reinbek bei Hamburg 1981 [u. ö.].
Ziolkowski, Theodore: The Novels of Hermann Hesse. A Study in Theme and Structure. Princeton 1965.
– (Hrsg.): Hermann Hesse. A Collection of Critical Essays. Englewood Cliffs 1973.
– Der Schriftsteller Hermann Hesse. Wertung und Neubewertung. Deutsch von Ursula Michels-Wenz. Frankfurt a. M. 1979.

7. Einzeluntersuchungen zum »Steppenwolf«

Das folgende Literaturverzeichnis beschränkt sich im wesentlichen auf Arbeiten, die nach 1972 erschienen sind. Eine ausführliche Bibliographie der Sekundärliteratur zum »Steppenwolf« bis zu diesem Jahre findet sich in: Mat. S. 408–418.

Allemann, Beda: Tractat vom Steppenwolf. Nachwort in: Hermann Hesse: Tractat vom Steppenwolf. Frankfurt a. M. 1961.
Artiss, David: Key Symbols in Hesse's »Steppenwolf«. In: Seminar 7 (1971) H. 2. S. 85–101. – Teilübers. in: Schwarz S. 139–141.
Bänzinger, Hans: Zwischen Protest und Traditionsbewußtsein. Arbeiten zum Werk und zur gesellschaftlichen Stellung Max Frischs. Bern / München 1975. Darin S. 21–39: »Der Steppenwolf« und »Stiller«. Zwei Fremdlinge innerhalb der bürgerlichen Welt.
Bauer, Ernst Stephan: Heilsames Lachen in heillosem Fremdsein. Zur Aufnahme Raabescher Motive in Hesses »Steppenwolf«. In: Jahrbuch der Raabe-Gesellschaft 1984. S. 198–207.
Blanchot, Maurice: Hermann Hesse. Die Jagd nach sich selber. In: M. B.: Der Gesang der Sirenen. Frankfurt a. M. 1988. S. 225–238.
Boeckmann, Paul: Die Bedeutung der Bewußtseinskrise für Hermann Hesses Literatur- und Zeitverständnis. In: Jahrbuch der Deutschen Schillergesellschaft 22 (1978) S. 589–609.
Burger, Hermann: Hermann Hesses »Steppenwolf«-Krise. In: H. B.: Als Autor auf der Stör. Frankfurt a. M. 1987. S. 158–173.
Carlsson, Anni: Zur Geschichte des Steppenwolfsymbols. In: Mat. S. 377–381.
Cohn, Dorrit: Narrative Consciousness in »Der Steppenwolf«. In: The Germanic Review 44 (1969) S. 121–131. – Teilübers. in: Schwarz S. 125–131.
Decloedt, Leopold R. G.: Hesses »Steppenwolf«: mehr als eine reine Autobiographie. In: Germanistische Mitteilungen (1989) H. 29. S. 31–38.

Esselborn-Krumbiegel, Helga: Hermann Hesse »Der Steppenwolf«. Interpretation. München 1985. 2., überarb. und erg. Aufl. 1988.
Goode, Ruth: Hermann Hesse's »Steppenwolf« & »Siddhartha«. Woodbury 1985.
Haines, Fred: Hermann Hesse und die amerikanische Subkultur. In: Mat. S. 388–400.
Heimdahl, Anne Brith: Hermann Hesse »Der Steppenwolf«. Krise, Entwicklung, Bekenntnis. Eine Interpretation. Bergen 1980.
Hinterhäuser, Hans: Hermann Hesse »Il lupo della steppa«. In: G. Baioni [u. a.] (Hrsg.): Il Romanzo tedesco del novecento. Turin 1973. S. 185–197. – Teilübers. in: Schwarz S. 220–225.
Hollis, Andrew: »Steppenwolf« – the laughter in the music. In: New German Studies 6 (1978) S. 15–30.
Hoppe, Otfried: Hermann Hesse »Der Steppenwolf«. Die Krise des bürgerlichen Bewußtseins. In: Jakob Lehmann (Hrsg.): Deutsche Romane von Grimmelshausen bis Walser. 1. Bd. Königstein i. Ts. 1982. S. 177–193.
– Werk und Rezeption. Hermann Hesse: Der Steppenwolf. Stuttgart 1977.
Jansen, Peter: Personalität und Humor. Hesses »Steppenwolf« und Kierkegaards Humorkonzeption. In: Sprache im technischen Zeitalter (1978) H. 67. S. 209–220.
Jones, S. G. J.: »The play of a delicate shadow.« Bultmann and Hesse in the magic theatre. In: Journal of literature and theology 2 (1988) S. 96–111.
Karalaschwili, Reso: Harry Hallers Goethe-Traum. Vorläufiges zu einer Szene aus dem »Steppenwolf« von Hermann Hesse. In: Goethe-Jahrbuch 97 (1980) S. 224–234.
Kieffer, Louise: Der *Steppenwolf*, das Bild eines zeitgenössischen Menschen. In: L. K.: Durch Raum und Zeit. Luxembourg 1976, S. 175–191.
Knapp, Bettina L.: Hermann Hesse: »Demian« und »Der Steppenwolf«. Von der psychischen ›Inflation‹ zur Entfremdung. In: Jahrbuch für internationale Germanistik 20 (1988) H. 2. S. 79 bis 106.
Knüfermann, Volker: Sprache und Neurose. Zu Hermann Hesses »Steppenwolf«. In: Etudes Germaniques 34 (1979) S. 276–283.
Lequen, Franz Heinrich: Hermann Hesse: »Der Steppenwolf«, »Siddhartha«. Zum Verständnis seiner Prosa. Hollfeld 1977.
Mayer, Dieter: Hermann Hesses »Steppenwolf«. In: Diskussion Deutsch 4 (1973) H. 13. S. 203–226.

Mayer, Hans: Hermann Hesse und das »feuilletonistische Zeitalter«. In: H. M.: Studien zur deutschen Literaturgeschichte. Berlin 1954. S. 225–240.
– Hesses »Steppenwolf« nach fünfunddreißig Jahren. In: Hermann Hesse: Der Steppenwolf. Berlin 1963. S. 263–278. – Teilabdr. in: Mat. S. 330–334.
– Hermann Hesse und das Magische Theater. In: Jahrbuch der Deutschen Schillergesellschaft 21 (1977) S. 517–532.
Meinicke, Susanne: Hermann Hesse »Der Steppenwolf«. Diss. Zürich 1973.
Michels, Volker (Hrsg.): Materialien zu Hermann Hesses »Der Steppenwolf«. Frankfurt a. M. 1972.
Neis, Edgar: Erläuterungen zu Hermann Hesse. »Demian« – »Siddhartha« – »Der Steppenwolf«. 6., neubearb. Aufl. Hollfeld 1986.
Pavlyshyn, Marko: Music in Hermann Hesse's »Der Steppenwolf« and »Das Glasperlenspiel«. In: Seminar 15 (1979) S. 39–55.
Pfeifer, Martin: Hermann Hesse: »Der Steppenwolf«. »Siddhartha«. Zum Verständnis seiner Prosa. Erläuterungen – Didaktisch-methodische Hinweise. Hollfeld ²1986.
– Hermann Hesse. »Der Steppenwolf«. Eine Einführung in den Roman für die Jahrgangsstufen 12 und 13. Hollfeld 1986.
Schwarz, Egon: Zur Erklärung von Hesses »Steppenwolf«. In: Monatshefte für deutschen Unterricht, deutsche Sprache und Literatur 53 (1961) S. 191–198. – Teilabdr. in: Schwarz S. 144–147.
– (Hrsg.): Hermann Hesses »Steppenwolf«. Königstein i. Ts. 1980.
– Hermann Hesse: Der Steppenwolf. In: Paul Michael Lützeler (Hrsg.): Deutsche Romane des 20. Jahrhunderts. Königstein i. Ts. 1983. S. 128–147.
Seckendorff, Klaus von: Hermann Hesses propagandistische Prosa. Selbstzerstörerische Entfaltung als Botschaft in seinen Romanen vom »Demian« bis zum »Steppenwolf«. Bonn 1982.
Simons, John D.: Hermann Hesse's »Steppenwolf«. A Critical Commentary. New York 1972.
Völker, Ludwig: Die Gestalt der Hermine in Hesses »Steppenwolf«. In: Etudes Germaniques 25 (1970) S. 41–52.
Vonnegut, Kurt: Why They Read Hesse. In: Horizon (Spring 1970) S. 28–31.
Wilson, Colin: The Outsider. Boston / London 1956. – Dt.: Der Outsider. Stuttgart 1957. – Teilabdr. in: Mat. S. 309–317 und Schwarz S. 147–149.

Ziolkowski, Theodore: Hermann Hesse's »Steppenwolf«. A Sonata in Prose. In: Modern Language Quarterly 19 (1958) S. 115–133. – Teilübers. in: Mat. S. 353–377 und Schwarz S. 115–119. Veränd. Fassung in: Th. Z.: The Novels of Hermann Hesse. A Study in Theme and Structure. Princeton 1965. S. 178–228.

VIII. Abbildungsnachweis

9 Der fünfzigjährige Hermann Hesse. Zeichnung von Ernst Morgenthaler. – Aus: Horst Kliemann / Karl H. Silomon: Hermann Hesse. Eine bibliographische Studie. Frankfurt 1947.

23 Zwischentitel und Anfang des »Tractats vom Steppenwolf« in der Erstausgabe von 1927.

37 Goethe. Radierung von Karl Bauer aus dem Jahr 1918. – Aus: Mat. S. 75.

51 Maskenball. Aquarell von Hermann Hesse aus dem Jahr 1926. – Aus: Hermann Hesse als Maler. Vierundvierzig Aquarelle. Ausgew. von Bruno Hesse und Sandor Kuthy. Mit Texten von Hermann Hesse. Frankfurt a. M.: Suhrkamp, 1977. S. 113. – © 1977 Suhrkamp Verlag, Frankfurt am Main.

77 Typoskript des Gedichts »Schizophren« aus dem Zyklus »Krisis«. Aus: Volker Michels (Hrsg.): Hermann Hesse. Sein Leben in Bildern und Texten. Frankfurt a. M.: Suhrkamp, 1979. S. 223. – © 1979 Suhrkamp Verlag, Frankfurt am Main.

115 Plattencover der amerikanischen Rockband »Steppenwolf« von 1969.

117 Max von Sydow als Harry Haller in Fred Haines »Steppenwolf«-Verfilmung (1974).

Erläuterungen und Dokumente

Eine Auswahl

---

zu Böll, *Ansichten eines Clowns.* 84 S. UB 8192

zu Büchner, *Dantons Tod.* 112 S. UB 8104 – *Lenz.* 173 S. UB 8180 – *Woyzeck.* 96 S. UB 8117

zu Droste-Hülshoff, *Die Judenbuche.* 83 S. UB 8145

zu Dürrenmatt, *Der Besuch der alten Dame.* 93 S. UB 8130 – *Die Physiker.* 243 S. UB 8189 – *Romulus der Große.* 96 S. UB 8173

zu Eichendorff, *Aus dem Leben eines Taugenichts.* 120 S. UB 8198

zu Fontane, *Effi Briest.* 168 S. UB 8119 – *Frau Jenny Treibel.* 111 S. UB 8132 – *Grete Minde.* 80 S. UB 8176 – *Irrungen, Wirrungen.* 148 S. UB 8146 – *Schach von Wuthenow.* 155 S. UB 8152 – *Der Stechlin.* 181 S. UB 8144

zu Frisch, *Andorra.* 88 S. UB 8170 – *Biedermann und die Brandstifter.* 128 S. UB 8129 – *Homo faber.* 196 S. UB 8179

zu Goethe, *Egmont.* 144 S. UB 8126 – *Götz von Berlichingen.* 176 S. UB 8122 – *Iphigenie auf Tauris.* 112 S. UB 8101 – *Die Leiden des jungen Werther.* 192 S. UB 8113 – *Novelle.* 160 S. UB 8159 – *Torquato Tasso.* 251 S. UB 8154 – *Urfaust.* 168 S. UB 8183 – *Die Wahlverwandtschaften.* 228 S. UB 8156 – *Wilhelm Meisters Lehrjahre.* 398 S. UB 8160

zu Gotthelf, *Die schwarze Spinne.* 93 S. UB 8161

zu Grass, *Katz und Maus.* 192 S. UB 8137

zu Hauptmann, *Bahnwärter Thiel.* 54 S. UB 8125 – *Der Biberpelz.* 104 S. UB 8141 – *Die Ratten.* 183 S. UB 8187

zu Heine, *Deutschland. Ein Wintermärchen.* 208 S. UB 8150

zu Hesse, *Demian. Die Geschichte von Emil Sinclairs Jugend.* 86 S. UB 8190 – *Der Steppenwolf.* 156 S. UB 8193

zu Hoffmann, *Das Fräulein von Scuderi.* 136 S. UB 8142 – *Der goldne Topf.* 160 S. UB 8157 – *Klein Zaches genannt Zinnober.* 170 S. UB 8172

zu Ibsen, *Nora (Ein Puppenheim).* 86 S. UB 8185

Hermann Hesse

IN RECLAMS UNIVERSAL-BIBLIOTHEK

Eine Bibliothek der Weltliteratur. 45 S. UB 7003

Hermann Lauscher. 149 S. UB 9665

In der alten Sonne. 56 S. UB 7557

Das Nachtpfauenauge. Ausgewählte Erzählungen. 175 S. UB 9832

Erläuterungen und Dokumente zu: Demian. 86 S. UB 8190 – zu: Der Steppenwolf. 156 S. UB 8193 – zu: Unterm Rad. 110 S. UB 8200

Interpretationen: Hermann Hesse. Romane. 175 S. UB 8812

Literaturwissen: Hermann Hesse. 115 S. 9 Abb. UB 15208

Philipp Reclam jun. Stuttgart